U0453917

教学评
丛书

教—学—评一体化策略与实践丛书

基于核心素养的单元教学设计

丛书主编 卢 臻

语文·道德与法治

王明霞 魏 艳
张 敏 周 阳 主编

知识产权出版社
全国百佳图书出版单位
北京

图书在版编目（CIP）数据

基于核心素养的单元教学设计 . 语文、道德与法治 / 王明霞等主编 . —北京：知识产权出版社，2023.2

ISBN 978–7–5130–8676–9

Ⅰ . ①基… Ⅱ . ①王… Ⅲ . ①小学语文课—教学研究 ②政治课—教学研究—小学 Ⅳ . ① G623

中国国家版本馆 CIP 数据核字（2023）第 020579 号

内容提要

本书以大单元教学为抓手，深入挖掘语文、道德与法治两学科的育人价值。其一，将单元学习内容结构化，更关注整合后的素养目标，以及学习语文、道德与法治学科后应形成的关键能力、必备品格与价值观念。其二，以统领单元的情境化大任务为主线设计学习活动，学生在教师引领下围绕具有挑战性的学习主题全身心积极参与，体验成功，获得发展。其三，通过收集学习活动的相关信息，为学生学习提供准确的证据，以解决情境化任务驱动下生成的问题，促进学生的素养提升，便于教师的教学改进。

本书可作为小学语文、道德与法治教师的培训教材，供教师自学或研修参考使用。

责任编辑：郑涵语　　　　　　　　　　责任印制：孙婷婷

基于核心素养的单元教学设计（语文、道德与法治）
JIYU HEXIN SUYANG DE DANYUAN JIAOXUE SHEJI（YUWEN、DAODE YU FAZHI）

王明霞　魏　艳　张　敏　周　阳　主编

出版发行：知识产权出版社有限责任公司　　网　　址：http：//www.ipph.cn
电　　话：010–82004826　　　　　　　　　　　　　　http：//www.laichushu.com
社　　址：北京市海淀区气象路50号院　　邮　　编：100081
责编电话：010–82000860转8072　　　　　责编邮箱：laichushu@cnipr.com
发行电话：010–82000860转8101　　　　　发行传真：010–82000893
印　　刷：北京中献拓方科技发展有限公司　经　　销：新华书店、各大网上书店及相关专业书店
开　　本：720mm×1000mm　1/16　　　　印　　张：13.5
版　　次：2023年2月第1版　　　　　　　印　　次：2023年2月第1次印刷
字　　数：221千字　　　　　　　　　　　定　　价：52.00元

ISBN 978-7-5130-8676-9

出版权专有　侵权必究
如有印装质量问题，本社负责调换。

前　言

基于理解，逆向设计，是单元教学设计的基本方针。

理解，乃课程核心素养在课堂教学的关键落脚点，学生只有在大量事实性信息、概念、原理等基础上建构自己的经验，建立知识之间的意义联结，才能随意调取知识来解决实际问题；换句话说，只有做到理解，才能应用于实践。《义务教育课程方案（2022年版）》在课程实施上提倡大单元教学，强调利用综合性教学活动促使学生深度学习，促进知识结构化。知识结构化是实现真正理解的重要标志，而提炼并表述单元大观念是建构知识的前提。

单元大观念是知识观转变的产物。无论是布鲁纳、菲尼克斯将之命名为"代表性概念"，还是埃里克森将之阐释为"抽象概括"，甚或威金斯和麦克泰把它定义为"有意义的概念工具"，都能清晰感知到"大观念"背后的观念，即知识是"活的"，只有"活"的知识才能被"代表性概念"所代表而富有意义，只有"活"的知识才能被"抽象概括"而建构起知识之间的纵横联系，也只有"活"的知识才能被人的思想和经验赋予意义从而被广泛迁移。所以，"大观念"意味着知识具有整体性、联系性和实践性，体现了建构主义知识观的本质。与此相对，客观主义知识观视域下的知识则是"死"的，是不以人的意志为转移的客观实在，是零碎的、静态的用以记忆和存储的普遍真理。在客观主义知识观看来，知识只有多少之分而无大小之别，只有"这一个"或"这一类"而不存在"本质的"或"关键的"，只有书本知识而无书本知识之外的创造与实践。

教科书知识是两类人的产儿：一类人是知识的发明者或发现者，即前人；另一类人是知识的编纂者，即编者。他们与学习者之间都有要沟通而没有办法沟通的无限内容。就前人而言，知识是他们最终提炼、总结、呈现的成果。那么这成果产生的过程有着怎样特别的经历或经验？它与客观现象、规律之间有着怎样的关联或关系？它具有怎样的意义与内涵？就编者而言，知识由他们选择、组织、整合到一起，这样编排有什么特别意义？知识之间有什么内在联系？哪个是关键性的知识？只有揭示知识产生的背景与内在依据，知识才具有现实的实践意义；只有透视知识间的内在联系，知识才具有学习与创造的价值。以人教版高中《物理》必修一第四章"牛顿运动定律"为例，此单元共7节，分别是牛顿第一定律，实验探究加速度、力、质量的关系，牛顿第二定律，力学单位制，牛顿运动定律的运用等。其中第2节是个实验课，这个实验为什么不编排在第3节之后？它和牛顿第一、第二定律之间分别有什么关系？有何特别意义？第4节"力学单位制"为何不编排在整体学完牛顿三大定律之后而在牛顿第二定律之后？这说明什么？牛顿三大定律的结合点是什么？等。因为种种客观局限，这些问题无论是前人还是编者都难以现身说法，教师，而且只有教师是他们的代言人、悟道者，抓住关键，找到联系，建立关系，以简驭繁，起"死"回"生"。所以，"大观念"呼唤智慧型的教师，呼吁教师转变知识观念，做知识的创造者、建构者，做学生学习的引导者、点拨者。

书本上的很多知识都是等待唤醒的精灵，沉睡着的知识因孤立、零散而面目死板，一旦与其他知识建立联系，就像人找到了人生定位，它就"活"了，有用了。所以"大观念"的揭示与表达还意味着实现迁移。迁移是指学习者面对新的困境能够机智高效地、独立地从知识结构中提出需要的经验并加以应用，其中关键必然在于知识结构。如果学生的长时记忆库中存放的知识是孤立的、毫无章法的堆积物，在应激状态下很难做到随意调取；相反，如果学生的知识是一个动力系统，知识之间因具有必然联系而具有组织性、条件性，那么一旦遭遇外部挑战就会自动做出反应。因此我们所强调的知识结构不是一般意义上的知识之间的从属或衍生关系的梳理，而是站在学生学习的立场，对学生解决问题的思维路径的摸索与建立。

疏通了学生对某一领域问题解决的思维路径，找到学生实现真正理解的一个又一个坐标，才能够准确回答"带学生到哪里去"的单元目标制订问题。无论哪一个领域的学科学习，学生要去的最终目的地只有一个——实践。实践能力是课程核心素养的关键，而支撑实践能力的一定是强大的知识网络，即解决问题的观念、规则、原理、方法、模型等的建构与思维形成，从而确立基于核心素养的单元目标群的三个主要层级：基础性目标、理解性目标和实践性目标。基础性目标指向单元孤立的事实性知识、技能的掌握，理解性目标指向解决问题的思路、模型的建构，实践性目标则指向应用所学解决问题的实践能力培养。

围绕单元大观念建立知识结构，基于知识结构逆推单元目标群是单元教学设计的核心工作，也是基于核心素养的单元教学设计的创新点和着力点。

单元目标是学生学习后的结果，确定学习结果之后，反向求助结果达成的表现性证据和标准，以及达成结果的途径、手段或过程、方法等，遵循的是逆向教学设计的逻辑，目的在于确保目标实现及学生的智力投入和自我监控。在这一点上，我们的创新在于设计贯穿教学过程始终的单元大任务。单元大任务是基于学情，以真实性生活情境为背景，涵盖单元不同层次目标的学前作业。它的完成主要经历三个阶段：一是未学先做，做而知困。在单元正式学习前，学生利用旧的经验和对新知识的把握尝试完成作业，在完成作业的过程中感知、发现并表述问题。二是困而求学，学以致用。课堂教学在预设、梳理学生问题的基础上，围绕课时学习目标，以课中学习活动为依托为学生搭建"认知脚手架"，学生则学用结合，借助课堂学习一步一步修正、完善作业。三是作业展演，推陈出新。展示作业是为了在交流、碰撞中进一步完善作业，乃至创新作业。单元学习结束后，如果在与同伴的作业分享、对比后，学生能够推翻已完成的作业，在更高层面上思考更复杂的情境任务，就在我们所期许的课程素养的形成上更进一步了。

"教—学—评—体化教学"项目获得首届基础教育国家级教学成果二等奖，我们在课堂教学增效上一直在持续探索，从课时到单元，再由单元到课时，始终锁定知识建构与学习效能，培养学生学习能力，落实课程核心素养。单元教学设计的理念与之一脉相承，注重目标制订，关注学生思维，以课堂评价促进学生学习表现。这套丛书的编写者主要是郑州高新技术产业开发区的教研员和郑州中学第二附属小学、郑州高新技术产业开发区外国语小学的课程领导者及学科骨干教师，其中大部分是国家课程教材研究所深度学习教学改进项目的核心成员，他们在"教—学—评"一体化和深度学习之间找到了契合点，在学习的发生和学生的发展上，取得了重大的实践突破。

本套丛书以"教—学—评—体化策略与实践"为主题，一是强调建构知识、运用知识的重要性，倡导理解性学习；二是宣扬致力于课堂教学改进的教研员、学校校长和教师对基础教育发展的贡献，课堂已然在育人方式的变革上发生悄然变化。丛书分三本全面呈现小学语文和道德与法治、数学、英语及其他学科单元整体教学设计的思考与实践。小学语文学科从学习任务群的视角，分别重构了教材中的"识字单元、阅读策略单元、习作单元、口语交际、快乐读书吧、综合性学习"，撰写了6篇覆盖各学段的单元教学设计；道德与法治学科撰写了具有代表性的4篇单元教学设计。小学数学学科基于"数与代数、统计与概率、图形与几何、综合与实践"4个领域，撰写了21篇覆盖各学段的单元教学设计。小学英语及其他学科，覆盖各学段，分别选择具有代表性的自然单元，撰写了32篇单元教学设计，其中美术学科整合具有共同要素、内在联系紧密的内容，形成素养导向的教学设计。

每本书的第一篇，由卢臻、王明霞、汪艳丽、刘娜撰稿完成；第二篇由各学科成员完成。全书由卢臻整体设计，小学语文、道德与法治一书由王明霞组织创编并统稿、完善，小学数学一书由汪艳丽组织创编并统稿、完善，小学英语及其他学科一书由刘娜组织创编并统稿、完善。各学科单元教学策略与实践既体现了整体的设计理念与价值追求，同时也充分表现出了学科特色。

本套丛书中案例的撰写及实践始于 2021 年年底，在《义务教育课程方案（2022 年版）》出台之后，基于各学科课程标准又进行了全面修改，虽经多番打磨及实践论证，仍难免粗疏，其中有关大单元教学的理解问题和某些学科专业问题，有待进一步探讨、解决，希望大家不吝赐教，提出批评意见。

郑州市教育局教学研究室

卢 臻

2022 年 9 月教师节前夕

目　录

教学评丛书

第一篇　策略研究

素养导向的单元学习目标：特征、研制及课堂观察 *
——以高中语文学科为例

卢　臻　汪艳丽 **

摘要：厘清单元目标的特征是落实学科核心素养的关键。单元目标具有实践性、结构性和多维性三重特征。研制单元目标宜从实践出发进行逆推，制订指向实践能力养成的具有内在逻辑关系的目标群；针对单元目标的课堂观察则应以学习者为中心，从静态的文案观察和动态的过程观察两个方面入手，聚焦学习的真正发生和学习结果的产生及证据，重点考量目标达成与落实的过程性与表现性，促进学生自主学习，推进课堂教学改革。

关键词：学科核心素养；单元目标特征；单元目标制订；基于目标的课堂观察

　　从"双基"、三维目标到学生核心素养的嬗变，在教学设计与实施层面不过是"学生学什么"这一问题的不断追问与持续更新。"学生学什么"指向的不是教材或教材内容，也不是教师提供的个体经验，而是学生学习后的结果——能力或行为倾向的变化，这就是学习目标。学习目标是"学生形象预期"的具体教学落脚点，是抽象的"人"在学校养成的决策性判断与概括性表达，因此学习目标的制订与表述是教学设计与实施的首要工作，一方面它承载着国家的育人方针与课改精神；另一方面决定着课堂教学的质量与效益。

　　当前，单元教学是落实学科核心素养的主要路径，素养导向的单元学习目标（以下简称"单元目标"）有何特征？对这个问题进行深入思考与回答，不仅有利于单元目标的准确制订与表述，而且也有利于在课堂层面实施基于目标的课堂观察，具体落实学科核心素养。

---

　　* 本文系 2019 年度河南省基础教育教学研究项目"指向核心素养养成的单元教学设计策略研究"（课题编号：JCJYC19250175）阶段性研究成果。本文发表于《基础教育课程》2022 年第 3 期。

　　** 卢臻，河南省郑州市教育局教研室教研员，中小学正高级教师；汪艳丽，郑州中学第二附属小学校长，中小学高级教师。

一、单元目标的特征：由素养阐发

素养是单元目标的内涵特征。素养是抽象的，抽象往往意味着需要借助具体的事物表现出来，比如电是抽象的，人们只有看到灯亮了、电动汽车走了，才知道它是存在的。素养也是如此。很难在一个不说、不动、不做事的人身上看出素养，陆游在《上殿札子》中说"气不素养，临事惶遽"，素养一定要人"临事"才能显示出来。经济合作与发展组织（OECD）在其"迪斯科"（DeSeCo）计划中就将学生素养与"做事"联系起来，认为"素养"是结合真实情境的需要而调动心理、社会资源（包括技能和态度）以满足复杂需要的能力[1]。将这个长句进行分解，不难得出"素养"的三个相关元素：一是解决复杂问题的能力；二是可随时调用的知识体系；三是人际关系、情感态度等非智力因素。与此相应，指向学科素养的单元目标应具有以下三大特征。

（一）实践性，强调高阶思维

无论从哪个角度说，学习都是为了实践应用。学的"有用"，做个"有用"的人，这是教育目的，也是学习目的。学生在看到所学东西的用途及发现能用所学影响别人——尤其是地方社群时，所有学段的学生都具有较强的学习动机[2]。"有用性"就是实践性，指向真实情境下解决实际问题的能力，强调高阶思维的培养，高中语文四大核心素养均落脚于此，"运用""创造""传承"等都明确指向应用所学解决问题的能力，《普通高中语文课程标准（2017年版2020年修订）》中所列学习任务群的学习目标最终基本也都归结于此。以"学习任务群1整本书阅读与研讨"为例，5条学习目标中的前4条均清晰指向信息的输入——理解，最后一条则指向输出——实践，即用自己的语言撰写全书梗概或提要、读书笔记与作品评介，通过口头、书面形式或其他媒介与他人分享。也就是说，阅读整本书籍，既要善于汲取营养全方面丰盈自己，又要擅长表达自己所得以影响更多的人，至于用何种方式表达、如何表达、表达到什么程度、要产生多大影响等，则需根据实际需要灵活应对，这就是语文实践。所以，无论单元内容是什么，学习最终的目的都是为了实践应用，这应是学科育人的重点。

（二）组织性，注重知识结构化

当针对一种情境的解决方案不是那么明朗时，我们就遇到了问题[3]。应对问题的关键在于识别问题类型，以便从记忆中提取或组建合适的解决办法。对特定领域的专家知识研究表明，识别问题类型依赖于专家建立在大量事实性信息之上的有组织的知识，有组织的知识是围绕核心概念或"大观点"建立起来的[4]（图1），它被称为知识的金字塔结构[5]。处于顶端的是价值观念或（跨）学科观念，其中学科观念是帮助学生组织和建构知识与经验的透镜，知识间的关系因此清晰明了而形成结构化体系；其下便是系统化的程序性知识和结构化的陈述性知识，程序性知识是用来"对外办事"（即解决问题）的知识，它和思维模式与探究方式、自我监控与评价的元认知等密切相关，共同组成用以解决问题的有机体；最下端则是大量的事实性信息、孤立的概念及规则。有组织的知识既便于遇到突发任务时随时提取，也便于在特定情境下进行迁移，所以也被称为情境性知识。情境性知识就是学生知道何时、何地、为何及怎样运用知识去解决问题的知识，它是结构性知识的应有之义。

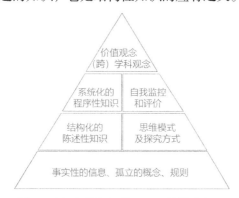

图1 有组织的知识体系，即情境化知识

（三）多维性，关注态度等养成

能做事，能正确地做事，能做正确的事，这就是一个人的核心素养。其中"能做正确的事"涉及必备品格，指在问题面前一个人所表现出的信仰、立场、原则等，也就是情感态度价值观，这是我们重要的教育目的。无论哪个学科、哪个单元的学习内容，只要课堂上发生真正的学习，师生展开充分的互动、对话，或隐或显，或轻或重，均会产生这方面的影响，即所谓的熏陶渐染、潜滋暗长。克伯屈把知识建构的过程称作主学习，把品格、情感及态度形成的过程叫作伴随学习[6]。伴随学习的内容形成较慢，且往往需要借助学生的行为表现进行间接观察。如"学习任务群1整本书阅读与研讨"第5条的学习目标为"从作品中汲取营养，丰富自己的精神世界，逐步形成正确的世界观、人生观和价值观"。学生是否形成了正确的价值观呢？需要在本条"用自己的语言撰写全书梗概或提要、读书笔记与作品评介，通过口头、书面形式或其他媒介与他人分享"的实践目标中体现出来。

当然，具体性也是单元目标的重要属性。我们制订目标是为了完成目标，完成目标就需要目标具体、清晰，做到可操作、可测量。另外，单元目标规定了一定时限（几周或几个月）的学习结果，还可对其进一步细化以形成课时学习目标，因此它在某种程度上也具有一定的包容性、概括性。

二、单元目标的制订：从实践逆推

单元教学表面上规避的是知识零碎化，实际上扭转的是教师的知识观。知识不是现成的客观存在，而是学生对前人信息进行主动建构所形成的认识，包括世界观和方法论，这样的知识是用来"做事"的。学习本单元，学生能够做什么事？怎么才能做成事？做成事需要什么知识和技能？以终为始，步步追问，既直接将学习目的定在实践能力的养成上，又将主要精力聚焦在"做成事"的知识建构上，还明确了知识和技能的工具功能。这就是单元目标逆推策略。删繁就简，围绕单元最终目的深挖达成预期的能力要素，形成具有内在逻辑的单元目标群，这里将之简化为一锤定音、使能分析、起点确定三个步骤。下面以高中《语文》教材必修（上册）第六单元为例具体阐述。

（一）一锤定音

加涅认为，学习目标是经过教学之后学生将能做哪些他们之前不会做的事[7]，这与素养的内涵特征是一致的，超越单元具体的知识与技能。单元目标最终只有一个，那就是学生实践、迁移能力的培养，我们可以称之为实践目标（或迁移性目标）。制订实践目标，需在通览单元内容、把握核心概念之后，对单元学习意义进行终极追问，即"学习本单元学生应获得的可迁移的目标是什么"或"学生学习本单元后在生活中能够做什么",直接将单元目标定在实践应用上,避开对单元零碎知识的纠缠,传达单元学习的期望,明确教与学的责任。

实践目标即表现性目标,需要准确陈述学生的学习表现,以便通过学生的学习表现观察其能力养成情况。实践目标在陈述上应该主要包括实践情境、表现性动词、表现的内容、表现的条件(工具或手段)四个成分。就语文学科来说,指向实践的学习表现的动词一般为鉴赏、评价、表达、解决、辩论、演讲、创作、撰写等。

高中《语文》教材必修(上册)第六单元聚焦学习之道,汇集名家名篇,从不同角度呈现说理性文章的"说理"精彩。那么,学习本单元用来做什么呢?"单元提示"已然给出明示:一是形成正确的价值观;二是进行语言实践,即"从合适的角度以恰当的方式阐述自己的看法"。其后的"单元学习任务"与之相应,第三题即要求学生以《"劝学"新说》为题,写一篇不少于800字的文章。据此,本单元实践目标可以表述为:

在写作活动情境中,给出现实中的某个问题(实践情境),能够运用驳论的方法和逻辑(行为表现条件),撰写(表现性动词)一篇说理性文章(表现的内容),不少于800字(表现程度)。在这条实践目标中,学生的预期表现独立于课堂教学之外,强调的是学生在教室或学校之外的真实生活情境中的学习表现,这是素养的应有之义。当然,为使目标更加具体可测,还可加上"行为表现程度",如上述目标中的"不少于800字"即是对"撰写"行为做出的程度限定。目标包括的成分越多,所传递的期望就越准确。

(二)使能分析

实践目标的达成不会一蹴而就,那么它"需要什么样的支撑"或"需要什么样的条件"?以这样的追问对实践目标进行必要的成分厘定或分步描述,就是使能分析,所得下位目标就是使能目标。实践是要求学生运用所学对外输出、办事。要有理想的输出,必须有充分的输入。"输入"不只是掌握大量的事实性知识,还包括超越事实性知识的知识建构,将知识组织化、结构化,这就是深度理解。理解的过程就是新知进入学生原有知识结构,使原有结构不断重构的过程[8]。因此,结构化的知识是"活"的知识,就像训练有素的士兵,一旦受到与之相关的外部情境的刺激就能随时调动，因此也叫情境性知识。它是实现实践目标的先决条件，也是理解性学习的结果，因此使能目标也可称作理解性目标。

根据布卢姆目标分类学，表现"理解"的可测量的学习表现有解释、概括、说明、比较、分类、推理、阐述七类行为动词，主要指向知识建构过程。那么，是何种建构？建构什么？怎么建构？使能目标在表述上主要包括认知条件（方法、方式）、认知动词、核心知识三种主要成分。

针对撰写驳论文这一实践目标，如何驳斥对方观点？如何阐发自己的见解？如何建立行文思路？怎样的语言更有说服力？这些问题大多是学生在面临该实践任务时的瞬间追问，也是完成该实践目标的必要支撑，对这些问题的回答及表述就是相应的使能目标，这里可将其总述为：

研读《劝学》《师说》《反对党八股》《拿来主义》等文章（认知条件），建构（认知动词）创作（包括鉴赏）说理性文章的方法和逻辑（核心知识），培养思辨能力。

将这条目标细化，自上而下可以制订如下三条具体目标，分别指向语言表达、行文思路和立论方法。

（1）探究各篇文章语言的共性，阐释其语言说服力，体会说理文章语言表达上的说理艺术。

（2）分析文章行文结构及说理方法，推断观点与论据的关系，形成说理文创作的一般思路。

（3）梳理文章内容，概括作者的观点和情感倾向，分析立论角度，阐明说理文立论的方法。

这三条目标在认知上由内容到形式依次递增难度，逐渐建构说理性文章创作（包括鉴赏）的逻辑和方法，形成创作说理性文章的行动方案，为达成实践目标提供必要的能力支撑，促使学生形成在说理文写作、辩论、演讲等实际问题情境中解决问题的能力，会说理，有理说，说得有理。需要说明的是，这些目标内部看似都有多个子目标，其实落点都在最后的方法、思路等的建构上，其他均为达成方法、思路的过程和手段，充分体现"教材不过是个例子"的理念。

（三）起点确定

学习起点指的是学生原有的知识基础。在建构主义学习观看来，学习的本质就是学生利用原有的知识结构对新知进行同化，所谓理解就是新知识在学生原有的知识结构中找到适当的位置，即新知识与旧知识建构起应有的联系。这正是单元教学的应有之义，克服孤立、零碎的知识教学，将学科课程内容在纵向上自上而下逐渐分化，在横向上融会贯通，形成结构化知识。因此，学习起点的确定有两种形式，一种是调查分析学生的原有经验，从中找到学生的认知冲突，据此明确学生的思维结节，确定单元教学的难点；另一种是基于课程标准与学情分析，联系旧知识，整合单元内容，建立单元内容的本质认识，提出单元大观念。提炼单元大观念是建构单元内容的前提，因此它应成为单元的起点目标。上述第六单元的起点目标即为：通览单元内容，将驳论文与一般议论文对比分析，提出单元大观念，建立有关驳论文的一般认识。

就驳论文这一单元来说，起点目标要求抓住本质，对驳论文形成整体认知；支撑目标要求局部探讨，从不同角度研究、深化既有观念；实践目标则基于逐步形成的观念、思维、逻辑方法等解决实际问题。三条目标呈现"整体—局部—整体"的建构学习思路，将其按学习的顺序归总表述，即是该单元具有内在建构关系的目标群，具体如下所示：

（1）通览单元内容，将驳论文与一般议论文进行对比分析，提出单元大观念，建立有关驳论文的一般认识。

（2）研读《劝学》《师说》《反对党八股》《拿来主义》等文章，建立创作（包括鉴赏）说理性文章的方法和逻辑，培养思辨能力。

①梳理文章内容，概括作者的观点和情感倾向，分析立论角度，阐明说理文立论的方法；②分析文章行文结构及说理方法，推断观点与论据的关系，形成说理文创作的一般思路；③探究各篇文章语言的共性，阐释其语言说服力，体会说理文章语言表达上的说理艺术。

（3）在写作活动情境中，给出现实中的某个问题，能够运用驳论的方法和逻辑，撰写一篇说理性文章，不少于800字。

三、单元目标的课堂观察：以学习者为中心

课堂观察的起点与归宿都是指向学生课堂学习的改善[9]。作为一种教学研究方法，课堂观察主要是对课堂教与学的互动情况进行记录、分析和研究，

以达到改善学生学习表现和提高教师教学能力之目的。单元目标以学习者为中心，耕于课前制订，收于课堂实施，特别强调在课堂实施中生成、落实。因此，针对单元目标，应主要从两个维度、四个视角进行课堂观察。两个维度，一是指单元目标制订与表述；二是指单元目标达成与落实。

"单元目标制订与表述"维度应为静态的文案观察，主要观察单元目标的制订情况，如表1所示。与前述单元目标的内涵及制订策略一致，"目标制订"视角可设立目标来源的科学性、核心素养的鲜明性、目标群内在逻辑性三个观察点，主要观察、分析教师对单元课程内容的理解程度、相关核心素养的表现程度及知识的建构程度等，既考查教师的学生观及教学质量观，又考量教师的课程决策能力。"目标表述"视角主要观察目标是否具体、可操作，其中"具体"指尽量避免使用"体会""领悟""学会"等笼统、模糊的动词，而要用经心理学界定的动词表述目标，如布卢姆修订的目标分类中提出的六级认知水平

表1 素养导向的单元目标制订与表述观察量表

学科 年级 册 单元 　　　　　　　　　　　　　执教教师：

单元目标：

1.

……

观察维度	观察视角	观察点		实时观察	
		具体指标	特征表述	是/否	现象记录与分析
单元目标制订与表述	目标制订	目标来源的科学性	1.基于课程标准/教材/学情分析		
			2.基于单元核心观念的提炼		
			3.基于单元内容结构化整合		
		核心素养的鲜明性	4.指向学生高层次精神活动		
			5.指向学生单元知识的建构		
			6.强调在真实情境中的生成		
			7.关注情意、价值观的培养		
		目标群内在逻辑性	8.目标中有明显的主目标		
			9.目标之间有一定的层级性		
	目标表述	目标的具体可操作性	10.学习表现动词具体明确		
			11.学习表现条件清晰可靠		

动词，每级认知水平还有更具体的代表能力的学习表现动词，这些动词描述的学习行为是外显的、可观察的。学科核心素养的养成需要一定的过程与方法，因此在目标表述上，还要强调学习表现条件的清晰、可靠，以使学习目标的达成有依据、可操作。

不要把目标视为一个凝固的、静态的东西，目标与流程之间具有复杂的辩证关系[10]。说到底，单元目标只是一种假设，能否实现取决于它在实践过程中的探讨与修正情况。实践过程是一个有机的运动着的流程，单元目标引导并受制于这个流程，因此对单元目标的课堂观察主要集中于目标与实践流程的互动过程及互动结果（即学生的学习表现），从而建立"单元目标达成与落实"观察维度，如表2所示。

"单元目标达成与落实"观察维度分"目标达成"与"目标落实"两个视角。

表2 素养导向的单元目标达成与落实观察量表

单元目标：
1.
……

目标	目标达成						目标落实							生成性目标			
目标	知悉目标情况			达向目标情况			落实目标的手段				目标落实的证据			有		无	
	目标呈现方式	知悉程度	学习动机	生成性学习活动	学习活动有效性	学习情绪	评价工具	评价信度	教师反馈	学生自评	初步证据	修正完善	最终证据	时机	证据	失时	未有
目标1																	
……																	
分析建议																	

"目标达成"视角主要指向达成目标的过程与方法，聚焦学生知悉目标情况和达向目标情况两个观察点。以学习者为中心，"知悉目标情况"主要包括目标呈现方式、知悉程度、学习动机三个内在关联的指标。单元目标是学生最

终达成的学习结果，学习是学生自己的事情，知道并理解目标，既益于学生明白学习目的从而生发学习的意义，也益于师生目标一致从而结成学习同盟，这是达成目标的第一步。所以目标的呈现方式很重要，媒体出示、口头告知、师生商定或教师解释等，都会给学生带来不同的目标觉知或认同程度，学生越明白成功的标准，越能投入实现目标所必需的努力中[11]。"达向目标情况"则集中于生成性学习活动及学习活动有效性、学习情绪三项内容。学习是个主动的过程，学生达向目标的过程就是主动建构新旧知识意义关系的过程，乔纳森等人称这种学习过程为"生成性学习"。生成性学习与真实的世界相联系，能够使学生深入理解新知并实现迁移[12]。这与学科素养的内在要求极其一致，因此生成性学习活动的设置与实施是学生为实现目标而努力的重要标志。当然，生成性学习活动也存在有效与否的问题，与目标一致且任务具有挑战性，就是适当、有效的，学生学习积极性也高；反之则不然。

学习是一种由现有状态到达理想状态的过程，"理想状态"就是学习目标。判定学生是否达标，需要围绕学生的学习表现对其达标情况进行测评，如果不达标，还要采取补救措施帮助学生完善学习表现，这就是形成性课堂评价，它是落实目标的系统工程，也是评价较高学力的方法[13]。因此"目标落实"视角事关落实的手段和证据两个观察点。

"落实目标的手段"着眼于评价工具、评价信度、教师反馈、学生自评四个指标，其中评价工具指用以检测目标的评价任务及评价标准，其须与目标类型保持内在一致，以确保测评出目标内含的学习表现，这就是评价的信度。没有信度，再好的评价工具也不能发挥促进学习的作用。教师借助具有信度的评价工具收集学生达标的证据，借助证据推断、反馈、指导学生学习，以促进学生最终达标。要更加值得注意的是，形成性评价不仅是教师获取信息和管理教学的手段，也是学生进行自我监控与管理的方法，让学生进行自我评价，不仅能够调动学生学习动机，使其积极地参与课堂学习，还可以帮助学生成长为反思性学习者，成为自我学习的主人[14]。这是学生核心素养极其重要的内容，因此"学生自评"这个指标关系到单元目标能否全面落实。

与"落实目标的手段"一致，"目标落实的证据"强调初步证据与最终证据两种证据。"初步证据"是指借助评价工具最先获得的学习信息；在教师补救教学之后，经过学生"修正完善"这个过程，再次施测而获得的学习结果就是"最终证据"。因此这个视角中的"修正完善"指标极其重要，它体现了学习的反思性特征，与"学生自评"指标一起共同促成学生自主学习能力的培养与发展。

上述两个观察维度主要针对的是既定目标。既定目标是教学效益的底线，但不是全部教学结果，真正的教学结果应该还包括生成性目标[15]。生成性目标即教师利用课堂随机性的课程资源而实现的非预期目标，它往往源于师生互动过程中出其不意的问题，教师需要机智地、不失时机地把握、引导，将看似"节外生枝"的问题转化为实实在在的学习结果，实现课堂教学的"附加值"。因此这个观察点主要查看有无生成性目标，有，则观其时机及证据；无，则看其是因失去时机，还是由于课堂教学仅止于完成预设目标，导致没有生成，因为课堂教学的重点首先还在于完成预设目标。

在有限时间内，什么最值得学习？如何计划和实施以促进学生深度学习？如何设计测评工具以准确获取学习信息？如何确保目标、教学和测评彼此一致？这是有效教学的四个基本问题[16]，其实质都是以学习为中心的目标问题，也是针对目标而实施的课堂观察所考量的有效教学问题。核心素养背景下，一线教师在制订、观察单元目标上深入考量这些问题，不仅利于调动师生教与学的主动性，落实学科核心素养，还利于促进课堂教学改革，加快教师专业成长。

参考文献

［1］RYCHEN, SALGANIK. Highlights from the OECD Project Definition and Selection Competencies：Theoreticaland Conceptual Foundations（DeSeCo）［J］. Definitions, 2003, 37（12）：10.

［2］Motivation in Education：Theory, Research and Application.Columbus [M]. OH：Merrill PrentIce-Hall.

［3］R.M.加涅，等.教学设计原理［M］.王小明，等译.上海：华东师范大学出版社，2007：64.

［4］约翰·D.布兰思福特.人是如何学习的：大脑、心理、经验及学校［M］.程可拉，等译.上海：华东师范大学出版社，2013：36-39.

［5］GARY D.BORICH & MARTIN L.TOMBARI.中小学教育评价［M］.国家基础教育课程改革"促进教师发展与学生成长的评价研究"项目组，译.北京：中国轻工业出版社，2004：1.

［6］威廉·赫德·克伯屈，等.教学方法原理［M］.杨爱程，等译.北京：人民教育出版社，2020：12-13.

［8］皮连生.学与教的心理学［M］.上海：华东师范大学出版社，2009：226.

［9］沈毅，崔允漷.课堂观察走向专业的听评课［M］.上海：华东师范大学出版社，2008：75.

［10］钟启泉.三维目标论［J］.教育研究，2011（9）：66.

［11］约翰·哈蒂.可见的学习：最大程度地促进学习［M］.金莺莲，等译.北京：教育科学出版社，2015：52.

［12］GARY R.MORRISON，等.设计有效教学［M］.严玉萍，译.北京：中国轻工业出版社，2007：135.

［13］田中耕治.教育评价［M］.高峡，等译.北京：北京师范大学出版社，2011：151.

［14］杨向东.促进学习的课堂评价设计与使用［J］.基础教育课程，2010（6）：63.

［15］崔允漷.有效教学［M］.上海：华东师范大学出版社，2009：111.

［16］洛林·W.安德森.布卢姆教育目标分类学（修订版）［M］.蒋小平，等译.北京：外语教学与研究出版社，2009：5.

单元目标群的建构策略与实践案例*

——以人教版（2019）高中《语文》必修一第一单元为例

卢 臻 汪艳丽 董雪霞**

摘要： 为形成课程合力，优化单元内容，与"学习任务群"一致，单元学习目标也需以"群"的形式进行建构，形成单元目标群。建构单元目标群是一个系统工程，需在解析课程标准、教材等的基础上提炼出单元大观念，围绕单元大观念建构单元知识结构，基于单元知识结构逆向推导出单元学习目标。逆向推导单元目标强调基于理解的学习，以学生迁移、实践能力为终极目标，自上而下逐层反推支持迁移、实践能力的理解性目标及基础性目标。人教版高中《语文》必修一——现代诗歌单元目标群的制订为这一思路提供了具体案例。

关键词： 单元目标群；单元大观念；单元知识结构

　　学习目标是教学的归宿与灵魂[1]。单元教学设计的关键也在于单元目标的确立与制订。与高中语文课程标准所设计的"学习任务群"相对应，单元教学目标也应以"群"的形式进行建构，即形成单元目标群。下面以人教版（2019）高中《语文》必修一第一单元为例，尝试论述单元目标群的建构策略。

一、单元目标群的界定及理论依据

　　"群，辈也。从羊，君声。"《说文解字》将"群"的本义定为人类团体，

　　*基金项目：全国教育科学"十三五"规划 2018 年度单位资助教育部规划课题"基于学科核心素养的学历案教学实践研究"（项目编号：FHB180585）；2019 年度河南省基础教育教学研究项目"指向核心素养养成的单元教学设计策略研究"（课题编号：JCJYC19250175）阶段研究成果。本文发表于《中小学教材》2020 年第 12 期，由人大报刊复印资料《高中语文教与学》（2021 年 6 月）全文转载。

　　**卢臻，河南省郑州市教育局教研室教研员，中小学正高级教师；汪艳丽，郑州中学第二附属小学，中小学高级教师；董雪霞，河南省郑州市回民中学语文教师，中小学高级教师。

而非兽类团体；但《辞源》却将之定义为兽类团体。只要是团体，都存在一个将众人或众兽凝聚成团的核心，现代汉语中"句群"这一概念即是例证。句群是一组句子，但只有中心明确、语意连贯的一组语言单位才能称为句群[2]。同样，高中语文新课标中的"学习任务群"也是个例证，每一任务群的"学习目标与内容"都是一组目的明晰、关系密切的学习结果，比如"学习任务群5 文学阅读与写作"，围绕"提高审美鉴赏能力和表达交流能力"这一中心，分别从理解、鉴赏、表达和积累四个方面陈述学习目标[3]，呈现螺旋上升的学习能力发展阶序，体现了语文实践的内在规律。

实现教育目标需要一定的时间。拉尔夫·泰勒强调应选择少量且内在高度一致的重要目标，认为具有一定整合性、连贯性、一致性的学习目标能够彼此强化，易于达成；内容分离的学习目标可能在实际学习中彼此干扰[4]。这条原则既适合学科课程标准的制订，也适用于单元、课时学习目标的确立，其中所说的整合性、连贯性和一致性即学习目标群的基本属性。安德森等人在布卢姆目标分类的基础上，将学习结果分为知识内容和认知过程两部分，并将知识内容分为事实性知识、概念性知识、程序性知识、策略性知识四部分，将认知过程划分为记忆、理解、应用、分析、评价、创造六个逐渐提升的层级[5]，同时认为这六个层级一般情况下顺序不可颠倒。据此，学习目标群的内在统一性即体现在知识内容与认知过程两个层面。在知识内容上，主要指一组学习目标围绕一个基本概念或大观念进行组织，各目标分别从基础概念到规则、原理及应用等不同角度有层次地拱向基本概念或大观念的生成，以确保学生对某一领域知识形成集中的、核心的认知和迁移，而非零散的、孤立的知识罗列、堆积。在认知过程上，多指一组学习目标呈现出自低到高的认知层级，高层阶目标以低阶目标为基础，学生学习逐步攀升，环环相扣。

加涅把学习结果分为言语信息、智慧技能、认知策略、态度及动作技能五种类型，与布卢姆目标分类相比，其中的言语信息近似于事实性知识，智慧技能相当于概念性知识和程序性知识。每单元或每节课确立的学习目标可能指向不同的学习结果类型，但一组学习目标中要确立一个主要目标。如果没有主要目标，这节课似乎是不值得的[6]。就一组单元目标而言，主要目标的出现更说明这组目标成为"群"的可能与必然，目标之间因主目标而相互联系、支撑，主目标因其他目标支持而得以逐步达成。

二、单元目标群的建构策略

实际上，教材所组建的单元某种意义上也是"群"，比如人教版高中《语文》（2019 年版）必修一，基本按题材组建单元，包括"现代诗歌""思辨类文章""实用类文选""语言规律与语用规则"四个单元，单元内部篇章安排上具有一定的时空或逻辑顺序。这种"篇章群"明确了"最好用什么教 / 学"的教学资源问题，并未回答"教 / 学什么"的教学目标问题。教材作为教学资源，是实现教学目标的工具，同时也是制订教学目标的基本依据，除此之外的主要依据则是课程标准。因此，建构单元教学目标群是一个系统工程，需要在解析课程标准、教材等的基础上提炼单元大观念，围绕单元大观念建构单元知识结构，基于单元知识结构推导出单元学习目标群。

（一）依据课程标准等提炼单元大观念

大观念又称"大概念""核心概念""基本观念"等，是超越学科事实性知识而做出的重要"推论"或"概括"。埃里克森将之分为两种，一种是跨学科或超越单元主题的"宏观概念"，另一种是与学科或学科特定主题相关的"微观概念"；并建议为保证理解深度，单元概括最好使用"微观概念"[7]。不论宏观概念还是微观概念，大观念回答的都是"本质是什么"的知识本源问题，它深藏在大量零碎、孤立的事实性知识或概念性知识之中，需要通过分析、综合等提炼或揭示出来，所以威金斯等人强调大观念必须用完整的语句表述出来[8]。他强调的不是表述形式，而是强调大观念是思维的结果这个内涵。

大观念其实就是"放之四海而皆准"的大道理。人类的生活处处都有大观念，也因有大概念的引导而变得简单易行。如"态度决定一切"就是个大观念，在关键时刻它能将人们引出举棋不定或艰辛困苦的泥淖。生活大观念或来自人们对实践经验的深刻总结，或产生于哲学家对人类基本问题的根本揭示，课程单元大观念则需基于学科课程标准和教材分析等进行提炼。国家课程标准是教材编写、教学、评估和考试命题的依据，是评价管理和评价课程的基础[9]。《普通高中课程标准（2017 年版 2020 年修订）》从学科核心素养到课程目标及学业质量水平等多个维度，规定、分解、明确了学科某一领域（也可说是学习任务群）"教什么"及"教到何种程度"的问题，其中反复强调的概念理应是建构单元大观念的基本要素。如"整本书阅读与研讨"模块的相关阐述中反复强调"阅读经验和方法"，那么有关整本书阅读的经验和方法总结该是单元大观念的基本内容。至于建构什么具体的阅读经验和方法，则要结合篇章类型或单元内容。需要指出的是，围绕阅读经验和方法建构的有关整本书阅读的大观念不一而足，并没有"标准答案"，只要反映一定的阅读规律且具有普适性均应得到肯定。

（二）围绕大观念建立单元知识结构

"高中新课程标准"进一步精选了学科内容，重视以学科大观念为核心，使课程内容结构化[10]。这个结论点明了学科大观念的一个基本功能——凝聚课程内容，便于课程内容结构化。将课程内容结构化是有效教学的重要途径。不论我们选择教什么学科，务必使学生理解各门学科的基本结构，这是知识运用的基础，有助于解决学生在课外遇到的问题和事件[11]。新的认知科学强调的"理解"，实际上就是在新知识与旧知识之间、新知识内部诸要素之间建立联系，形成知识结构；新知不断冲击、挑战原有的认知结构，原有的认知结构不断同化新知而得以重组、完善或变化，这是超越一切陈述性的、零碎的事实、概念、原理等形成抽象概括的过程，也是学习真正发生的过程，所谓的学习就是认知结构的变化。

研究表明，某一特定领域专家的知识不是对相关事实、公式的罗列，而是围绕核心概念或大观念组织成的有条理的知识结构[12]。有条理的知识结构可以是由大观念贯穿的分层次排列的金字塔形，由底部向上是逐渐增多的事实、概念，处于顶端的是系统的原理和规则，呈现由具体到概括的内在关系；也可以是由大观念引发的知识地图，以各种联系标注、呈现知识之间的关联，明确知识运用的时机、条件等，便于在不同情境中随时提取。相比其他学科，语文学科因其篇章教学的特性更易使学习碎片化、零星化、重复化，王荣生教授对此曾用"比喻修辞"为例进行批判，认为一堂课庞庞杂杂二三十个内容，教师多不知道自己在教什么，所以十二年语文课教不会一个"比喻修辞"[13]。单元教学是解决语文碎片化教学的一种手段，关键是要找到将篇章组元的"魂"——单元大观念，并围绕这个"魂"建构单元知识结构，梳理某一领域主要语文要素（技能）及要素（技能）之间、要素（技能）学习与审美鉴赏、情意态度培养等之间的关系，明确学习的重点、难点及解决重点、难点的思维路径。

（三）逆向推导并陈述单元学习目标

为了更加明确学习目的和意义，威金斯提出了逆向教学设计思路，即先确定希望学生理解的学习目标及促进学生理解的评价任务，在此基础上再开发帮助学生掌握有关知识和能力的教学活动[14]。这是由教学结果及对结果的评价倒推出教学活动，将评价任务设计调至教学活动设计之前，确保教学设计直达教学结果的实现，在一定程度上提高了师生教与学的责任感。这种思路也适用于单元学习目标群的制订。逆向教学设计实质是"以终为始"逆向思考，"终"就是教学最终的目的地。教学最终的目的地也就是教学的最终目标，教学最终目标必然是学生的能力及行为倾向发生了什么变化，也就是学生最终能做什么事，即对外的输出——运用或迁移等；对外输出必然需要知识与技能的输入——掌握和理解，那么基于运用或迁移之输出，依据单元知识结构，应由上到下依次掌握、理解什么内容才能达成最终学习结果呢？这种反向思考由输出开始，逐层反推输入性目标，形成运用、迁移—掌握、理解—积累、识记等的金字塔形倒推学习目标思路。这种思路易于一组单元目标共同指向最终目的而成为"群"，形成指向学生运用、迁移能力的目标合力，既利于删繁就简、优化整合单元内容，也利于集中学习成本，避免在零碎、无用的内容上消耗精力。

加涅提出正序与倒序两种排列目标的顺序，其中倒序就是一种逆向思路，即自上而下、由一般的目标到更具体的目标[15]。所不同的是，加涅强调的是目标之间的先决关系，下一级目标的达成是上一级目标实现的基础，目标间的顺序必须完整，以确保较低水平的目标的学习。

为保证单元学习目标的可评价性，最好使用可观察的行为表现动词进行陈述，做到具体、可操作。

三、一个单元目标群建构案例

经济合作与发展组织在其"DeSeCo"计划中称"素养"是结合真实情境的

需要而调动一切知识储备用以解决问题的迁移能力。单元目标群的建构就是着眼于学生迁移能力的培养，确保学生所学到的知识是"活"的、可调动的。下面以人教版（2019）高中《语文》必修一第一单元为例简要阐述单元目标群的建构过程。

（一）依据教材、课程标准等提炼单元大观念

首先，分析课程标准，提取单元关键词。人教版高中《语文》（2019年版）必修上册第一单元为现代诗歌和小说，指向的主要核心素养是审美鉴赏与创造。《普通高中语文新课程标准（2017年版）》中相应的学习目标与内容为："感受作品中的艺术形象，理解欣赏作品的语言表达""根据不同的艺术表现方法，从语言、构思、形象、意蕴、情感等多角度欣赏作品"；相应的学业质量水平2的内容为："能整体感受作品的语言、形象和情感，展开合理的联想和想象；能对作品的内容和形式做出自己的评价。"可知，"形象""语言""表现手法""情感"等是该单元学习的关键词。

其次，解读篇章内容，提炼单元大观念。本单元包含五首新诗和两篇新时期小说，主题均为对青春的吟唱和抒怀，但风格迥异，各具特色。如《沁园春·长沙》笔下蓬勃的湘江美景与精妙的炼字选词，《立在地球边上放号》中壮丽的北冰洋、太平洋与雄奇奔放的气概，《红烛》中被赋予新义的古典意象"蜡炬"与诗句长短错落的节奏，《峨日朵雪峰之侧》中壮美的"雪峰"、卑微的"蜘蛛"等众多审美意象与充满张力的语言，《致云雀》蕴含深刻象征意义的"云雀"与新奇的比喻等，《百合花》通过感人的细节描写颂扬战争年代革命军人的牺牲奉献精神，《哦，香雪》通过清新的笔调描绘改革开放初期山村少女对现代生活的向往，等等。可见，主题相同或相近的作品，因其语言运用、形象塑造、情感表达方式的不同而尽呈美姿，这与课程标准中强调的关键词高度一致，据此可以得出这样的认识：文学作品通过选取鲜明形象、借助富有表现力的语言和表现手法来反映社会生活和独特情思。这就是单元大观念，它适应分析和鉴赏本单元所有作品，也可迁移于阅读理解单元以外的其他文学作品。

（二）围绕大观念构建单元学习体系

基于上述单元大观念，本单元最终学习目的显而易见，即学生能够通过分

析作品所选取的形象、采用的语言和表现手法、反映与表达的社会生活和独特情感等来鉴赏、评价文学作品。与迁移能力相对应，单元基本问题顺势而出，即面对一篇文学作品，学生需回答：其（如何）选取（何种）形象，借助（何种）语言和（何种）表现手法，来表达（何种）独特情思及反映社会生活的？这也是本单元要着力解决的核心内容。为解决这一基本问题，学生需要知道的基本知识有：文学作品的具体样式、形象的概念与种类、人物语言与作品语言及语言风格的区别、主要表现手法的特点等；需要掌握的基本技能有：概括及分析形象的特征和内涵、判断及分析语言风格和语言表现力、推断并分析表现手法和表现手法的表达效果、归纳并分析情感与主旨等，由此可构建出本单元的学习体系。（图1）

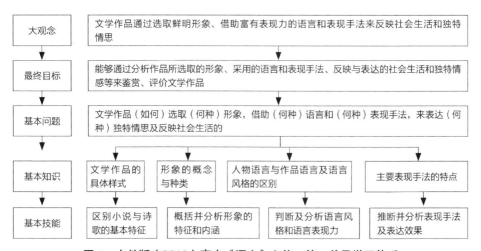

图1 人教版（2019）高中《语文》必修一第一单元学习体系

人教版2019年版新教材打破了按文章体裁编排单元内容的传统，按阅读能力训练编排单元，目的在于促使教师树立整体教学观。围绕单元大观念，立足迁移能力，以养成学生鉴赏与创造的素养为宗旨，培养学生归纳、概括、比较、分析、评价等关键能力和勇于探索、实践的品质，同时促使学生厚积基本知识和技能，整合并理清知识与知识之间，知识与技能、素养之间的逻辑关系，建构清晰的、有条件的单元知识网络，以便随时随地提取知识储备进行迁移。

（三）根据单元学习体系，建构单元学习目标群

单元学习体系自上而下呈现"迁移—理解—了解"三种认知过程，每一下位能力都是其上位能力的强力支撑，即若要形成鉴赏与创造等迁移能力，需有对文学作品创作的内在规则、机理的分析、提炼，在此基础上形成鉴赏与创造的方法、策略；若要分析、提炼创作的规则、机理，则需具备从形象、语言、构思、手法等角度分析文学作品的一般技能；若要掌握一般技能，则需了解有关形象、结构、手法、语言等的一般知识。越处于下位的内容越具体，越处于上位的内容越抽象、概括，从最高层阶的能力一路倒推，处于最下位的一般性知识、技能是迁移、运用的基础，但不是目的；处于上位的迁移、运用能力是目的，但需借助层层知识、技能的支持，每一层内容并非孤立的单独存在，都是构成学生最终能力的要素，从而形成指向学生核心素养的学习金字塔。

由最终目标倒推下位目标，是建构单元目标群的一般思路；叙写单元目标则需再倒过来，由低阶层目标写起，直到最高阶层的迁移、运用目标，呈现一个由下位目标支撑上位目标，最终达成迁移、运用能力的目标体系，即单元学习目标群。本单元目标叙写如下：

（1）说出形象在不同文学作品中的类型、诗歌语言与小说语言的异同、常用表现手法的联系与区别等。

（2）能从形象、语言、表现手法、篇章结构及情感内涵等角度分析新诗和小说，总结新诗、小说创作的一般规则。

（3）结合新诗、小说创作的规则，总结鉴赏、评价新诗、小说的一般思路和方法。

（4）能运用鉴赏、评价新诗、小说的思路和方法，分析、评论新诗、小说。

（5）能运用新诗、小说创作的一般规则，尝试创作新诗或小说。

参考文献

［1］崔允漷．有效教学［M］．上海：华东师范大学出版社，2009：110.

［2］郝长留．教学语法研究与应用［M］．郑州：中州古籍出版社，1994：248.

［3］［10］中华人民共和国教育部.普通高中语文课程方案标准（2017年版）［S］.北京：人民教育出版社，2018：4.

［4］RALPH W.TYLER.课程与教学的基本原理［M］.罗康，等译.北京：中国轻工业出版社，2008：30.

［5］盛群力.21世纪教育目标新分类［M］.杭州：浙江教育出版社，2008：2.

［6］［15］R.M.加涅，W.W.韦杰，等.教学设计原理［M］.王小明，庞国维，等译.上海：华东师范大学出版社，2007：133，154.

［7］林恩·埃里克森，洛伊斯·兰宁.以概念为本的课程与教学：培养核心素养的绝佳实践［M］.鲁效孔，译.上海：华东师范大学出版社，2008：34.

［8］格兰特·威金斯，杰伊·麦克泰.追求理解的教学设计（第二版）［M］.闫寒冰，译.上海：华东师范大学出版社，2017：144-145.

［9］教育部.国家基础教育课程改革纲要（试行）［J］.人民教育，2001（9）：6.

［11］杰罗姆·布鲁纳.教育过程［M］.邵瑞珍，等译.北京：人民教育出版社.2018.

［12］约翰·D.布兰思福特，等.人是如何学习的——大脑、心理、经验及学校［M］.程可拉，等译.上海：华东师范大学出版社，2013：33.

［13］王荣生.合宜的教学内容是一堂好课的最低标准——以《竹影》的教学为例［J］.语文教学通讯.2005（2）：4-6.

［14］格兰特·威金斯.教育性评价［M］.国家基础教育课程改革"促进教师发展与学生成长的评价研究"项目组，译.北京：中国轻工业出版社，2005.

单元大观念："是什么"与"不是什么"*
——以人教版《数学》五年级下册《长方体和正方体》单元为例

卢 臻 汪艳丽 楚建娇**

摘要： 在提炼单元大观念的实践中，一线教师对单元大观念多有误解。单元大观念不是单元学习目标，也不是某一定义性概念，而是建立在单元事实或概念内在联系基础上的本质认识。因此，它不是课程标准或教材现成内容的检索，而是对单元主要课程内容的本质深入推理而得出的结论。

关键词： 单元大观念；数学空间观念；真正的理解

对于概念的学习，一般要经历概念"是什么"及"不是什么"的思辨。"是什么"是在明确事物共同特征的基础上对概念内涵的揭示与证明，"不是什么"则是在对比分析中强调事物的本质特征，是进一步认清概念的反驳与纠错，因此它相较于"是什么"更能让学习者走出混沌，澄清认识[1]。在提炼单元大观念的实践中，实验教师正是在单元大观念"是什么"与"不是什么"的反复推论中实现认识的飞跃。下面以人教版《数学》五年级下册"长方体和正方体"单元大观念的提炼为例，从探索和评议两个视角陈述、梳理实验教师对大观念的渐进认识，以期帮助广大实践者走出误区，改进教学。

"长方体和正方体"单元包括长方体和正方体的认识、长方体和正方体表面积、长方体和正方体的体积三小节内容，（因正方体是特殊的长方体，本案统称为长方体）其中第三小节还介绍了容积概念，并探索某些不规则实物体积的测量方法。这个单元的大观念是什么？如何提炼与表述？为此，实验教师及其团队先后进行了三次实践，每次实践的思考与结论不仅反映其对大观念的理解程度，也透视了其对学科教学本质的认识进程。

---

*基金项目：2019 年河南省基础教育教学研究项目"指向核心素养养成的单元教学设计策略研究"（课题编号：JCJYC19250175）。

**卢臻，河南省郑州市教育局教研室教研员，中小学正高级教师；汪艳丽，郑州中学第二附属小学，中小学高级教师；楚建娇，郑州经济技术开发区列子小学，高级教师。

第一次实践

【探索】空间观念是数学学科的核心素养。依据课程标准，初步形成空间观念是"长方体和正方体"单元指向的主要课程目标，该单元具体知识、技能主要是从点、线、面三个角度了解长方体、正方体的基本特征，从测量的角度掌握长方体、正方体的表面积、体积意义及计算等[2]。学生虽已能够直观辨识长方体，但从学情调查得知，在长方体的认识上，近八成学生难以将具体的长方体实物抽象为立体图形；另外，受平面图形负迁移的影响，绝大多数学生的学习困于二维平面图形与三维立体图形的相互切换。那么，什么是长方体？能够统领本单元课程内容的核心概念是什么？分析教材得知，教材内容主要围绕长方体的特征、表面积、体积、容积等由浅入深安排课程，教材明确给出了长方体的定义，即"长方体一般是由 6 个长方形围成的立体图形"。这个定义包含三层意思，一是长方体由平面图形"围成"，面与面相交之处即"棱"，棱和棱相交之处是"顶点"，面、棱、顶点是探索长方体特征的三个结构要素；二是长方体是由"平面图形"转化而来，这自然实现了二维到三维图形的迁移，也容易建立有关长方体表面积的认识；三是长方体由"6 个"面围成一定的空间，空间大小即体积（或容积）。可见，"长方体一般是由 6 个长方形围成的立体图形"这句话可以统领本单元几乎所有内容，对这句话的深入理解能够帮助学生突破难点，建立空间观念，因此，它即为本单元大观念。

【评议】所谓"分析"不是泛泛陈述，而是根据潜在目的提取分析对象或材料的重要信息，再对这些信息进行组织并建立起系统的、一致的联系，最后确定分析对象或材料的本质内涵[3]。从把握课程标准入手，确定单元内容对应的学科核心素养及关键知识技能；在此基础上分析学情，把握学习难点；然后分析教材，明确单元本质内容，提出单元大观念。这是提炼单元大观念的一般路径。也就是说，单元大观念是对课程标准、学情及教材三种来源综合分析得出的结论。那么单元大观念的坐标一定在三者的交叉点上，即课程标准的关键乃学情要害，学情要害正是课程内容本质，这是一个通过分析不断寻找、牵引"牛鼻子"的过程。

本次探索虽然分析了单元大观念的多种依据，但并未将这些依据当作一个整体综合阐释，因而未能找到课程标准、学情、教材的接洽点，所得出的结论不能解决本单元涉及的根本问题。例如，建立空间观念是本单元主要课程目标，那么从课程标准相关内容来看，建立空间观念的关键何在？学习难点在于由平面图形迁移到三维图形，那么影响迁移的因素是什么？这个影响因素与建立空间观念有何关系？所得单元大观念与学情所需及建立空间观念的内在关联何在？对这些问题进行追问并寻求答案，才可能找到真正的单元大观念。

另外，作为定义，"长方体一般是由6个长方形围成的立体图形"这句话仅仅揭示了"长方体"的特征，虽然从其关键词中能推导出与长方体相关的课程内容，但单元大观念寻求的不是课程内容的"相关性"，而是"同质性"，这个"同质性"也被称为"普适性"，即单元大观念适应于理解单元几乎所有的课程内容，而且越接近课程内容的本质，单元大观念的普适性越强。

【结论】提炼单元大观念不是简单的课程标准、教材内容及学情分析的罗列，而是为了实现真正理解而对有关材料、学情进行归纳推理的过程；单元大观念不是孤立的事实或概念，而是建立在事实性知识或概念之上的推论，这个推论反过来又成为单元相关事实或概念的灵魂。

第二次实践

【探索】已知初步建立空间观念是此部分重要的课程目标，空间观念也是数学学科重要的核心素养。那么怎么形成空间观念呢？课程标准对此进行了回答，即根据物体特征抽象出几何图形，根据几何图形想象出所描述的实际物体[4]。因此小学阶段学生空间观念的主要表现就是建立几何图形与其现实原型、名称、特征之间可逆的"刺激—反应（联想）[5]，实质上就是能在几何体与其三视图、展开图、实物之间互相转化。这正是学生学习的难点所在。学生在一年级上册《认识图形（一）》的学习中已初步建立立体图形的表象，但从一年级下册直到五年级上册均在学习平面图形的有关内容，包括长方形、正方形的周长、面积，平行四边形、三角形、梯形、组合图形等多边形的面积，建立起了牢固的二维平面图形概念，很难建立三维立体图形概念。调查得知，约80%的学生囿于具象思维及平面图形的认识，难以将具体实物抽象成相应的几何体。教材也关注到了这一点，作为研究立体图形的起始内容，本单元一开始即以"长方体一般是由6个长方形围成的立体图形"这个定义揭示了长方体和长方形之间的联系，所谓点动成线、线动成面、面动成体，点、线、面、体连动、转换是形成空间观念的关键。长方体就是由长方形垂直平移形成的三维图形，由此确定本单元的大观念为"通过观察长方形垂直平移形成长方体的过程，初步建立空间观念"。

【评议】实践团队领悟到提炼单元大观念的一般路径，基于培养空间观念的目的，聚焦形成空间观念的方法，分析、调查相关课程标准内容和学习情况，把握建立空间观念的要义及学习困难；然后将长方体学习纳入广阔的几何知识背景之中，从点、线、面、体转换的角度考虑建立长方体概念与形成空间观念之间的关系，在纵向上实现了新旧知识重构。从如何建立空间观念的角度，尝试提出单元大观念——通过观察长方形垂直平移形成长方体的过程，初步建立空间观念。

然而，方法论主要解决"怎么办"的问题，学科价值观解决课程本质"是什么"的问题；没有对课程内容价值的本质认识，不可能形成正确的方法论。此次探索绕开对空间观念本质的把握，直接寻求建立空间观念的方法，最终将"垂直平移"作为长方形转化成长方体的策略，以期引导学生建立空间观念。访谈得知，这种方法仅仅帮助学生建立了几何直观，学生最终不过加深了"长方体一般是由 6 个长方形围成的立体图形"的认识，而不能解决学生对"空间"的根本认识问题，即长方形与长方体的内在联系是什么？长方体的"空间"形成的关键是什么？空间观念的核心是什么？这些"是什么"的问题解决不了，不可能解决空间观念的建立问题。

再者，本轮实践所得出的结论——通过观察长方形垂直平移形成长方体的过程，初步建立空间观念——更像是学习目标。学习目标是学习一定时间后能力或行为倾向发生的变化，指向学生学习的具体结果，这里"初步建立空间观念"就是一种学习结果，不管实现这种结果需要经历怎样的过程与方法，最终都是为了达成"建立空间观念"的结果。

【结论】大观念体现学科的本质，它是学科重要的价值观和方法论[6]。大观念可以是学科重要的方法论，但须以厘清学科价值观为前提，有的学科大观念本身就是学科重要的方法论。另外，单元大观念不是具体的学习目标，而是建立在具体目标达成之上的高度认识，这种认识反过来又导引我们深入领会课程内容，实现真正的理解。

第三次实践

【探索】空间观念是数学学科的核心素养，培养空间观念是个复杂而漫长的过程。就本单元来说，可以通过长方体展开图及展开图的折叠等帮助学生直观感知三维"空间"的建立，但二维图形与三维图形的内在关联决定学生对空间观念的理解与迁移程度。点动成线、线动成面、面动成体，点、线、面是几何图形的基本元素，点、线、面的位置、数量关系一定是二维与三维图形转换的决定因素。例如，长方形是一个平面内由一个顶点出发的两条线段的组织关系，长方体则是在不同平面内由一个顶点出发的三条线段的组织关系；长方形的这两条线段（边）就是其长和宽，即二维；长方体的这三条线段（棱）则是其长、宽、高，即三维，其中表示"高"的这条棱与表示"长""宽"的两条棱垂直而处于不同平面，所以"高"的出现和确认是建立空间观念的关键，长方形与长方体的结合点就在于从一个顶点出发的线段的位置关系及意义确认。长、宽、高是长方体的基本结构元素，长、宽、高的长度决定长方体的大小。本单元教材内容开篇即用图形直观明确了构成长方体的这三个基本元素，接着从不同角度——表面积、体积、容积——探讨长方体的大小，长方体的大小均与其长、宽、高的长度有关，这就是本单元大观念，即从一个顶点出发的三条棱的长度决定长方体的大小。

【评议】崔允漷教授在《指向核心素养的教学方案设计：大观念的视角》一文中追溯了"大观念"在西方文献中的内涵及其演变[7]。无论是布鲁纳、菲尼克斯将之命名为"代表性概念"，还是埃里克森将之阐释为"抽象概括"，或是威金斯和麦克泰把它定义为"有意义的概念工具"，大观念都是超越事实性知识与孤立概念，对概念间关系的提炼与表达[8]。教材往往被认知心理学家称作"陷阱"，因其一般按照知识产生的逻辑纵向叙写课程内容，遮蔽了知识之间深层的内在联系，给人造成事实、概念等个体独立存在的误解，以致难以在真实情境中迁移运用。核心素养背景下，单元教学就是要求教师绕到教材背后，以横截面的形式把握看似散乱的知识个体之间的内在联系，并对这种联系进行简洁、明确的揭示与表达，生成单元大观念。所以单元大观念一旦产生，知识个体之间便发生了有意义的联系，成为一个有组织的整体。

实践团队首先抓住了二维图形与三维图形的内在联系，在顶点及由顶点出发的线段这些要素的关系上实现了平面认识向空间观念的转变；接着通过解读教材，找到了教材主要内容之间的本质联系，即长方体的形状、表面积、体积、容积等均与长方体概念中的基本元素——长、宽、高有关，从而做出"从一个顶点出发的三条棱的长度决定长方体的大小"的推论。这个推论具有牵一发而动全身的功效，单元主要课程内容都成了它的一个个"特例"，并且在长方体基本要素与长方体形状、大小之间建立起了正相关关系。长、宽、高三个要素中任何一个长度发生改变，长方体的形状都会发生变化，长方体表面积、体积、容积的大小也会随之改变，从而起到举一反三的作用，单元内容因此化零为整，实现真正的理解。

【结论】格兰特·威金斯说理解来之不易，它是被"揭示"——探索和思考出来的，因为需要理解的内容通常不明显，单元大观念是实现理解的重要标志，它要求抓住课程内容的内在联系去把握知识的本质，并对本质内容进行简明表达，以实现由少统多、由简驭繁的目的。

参考文献

[1] R.M.加涅.教学设计原理［M］.王小明，等译.上海：华东师范大学出版社，2007：60-63.

[2]［4］中华人民共和国教育部.义务教育数学课程标准（2011）［S］.北京：人民教育出版社，2011：3-6.

[3] 洛林·W.安德森.布卢姆教育目标分类学修订版［M］.蒋小平，等译.北京：外语教学与研究出版社，2009：5.

[5] 曹培英.跨越断层，走出误区："数学课程标准"核心词的解读与实践研究［M］.上海：上海教育出版社，2017：38-39.

[6]［8］格兰特·威金斯，杰伊·麦克泰.理解为先模式［M］.盛群力，等译.福州：福建教育出版社，2018：24，72.

[7] 邵朝友，崔允漷.指向核心素养的教学方案设计：大观念的视角［J］.全球教育展望，2017（6）：11.

学习情境：学生达成核心素养的蓝图描绘 *

王明霞　　汪艳丽 **

摘要：新课标背景下，学习情境创设是单元教学设计与实施的关键环节。本文提出"学习情境是对学生通过单元学习达成核心素养的蓝图描绘"这一观点，阐述了学习情境在课程改革中的提出、发展、价值取向，并形成了创设学习情境的策略，即"两核心三要素"："本单元将要学习的内容和将达成的目标、学习之后将采用的评价方式"两大核心内容；"创设学习导语、勾勒学习目标、明晰学习评价"三个关键要素。

关键词：学习情境；发展；价值取向；创设策略

随着课程改革的纵深发展，核心素养成为国际课程改革的主基调，"聚焦核心素养"也成为我国课程育人的新方向。《义务教育课程方案（2022年版）》中进一步明确了"培养什么人、怎样培养人、为谁培养人"的问题，建构了"中国话语"体系。而课程核心素养的培养追求以学科大观念、大主题、大任务组织课程内容，创设学习情境，统筹规划目标、任务、活动、评价等要素，实施大单元教学。

基于此，本文拟就学习情境在课程改革中的发展、价值取向，以及创设策略做一阐述，探寻大单元教学的密码，促进学生学习方式的变革。

一、背景：情境概念在课程改革中的提出与发展

中华人民共和国成立以来的八次课程改革，从"师承苏联"到"落实双

---

*本文系河南省教育科学规划一般课题"指向深度学习的小学课堂教学实践研究"（课题编号：2020YB0780）阶段性研究成果。

**王明霞，郑州高新技术产业开发区尚文中学，中小学高级教师；汪艳丽，郑州中学第二附属小学校长，中小学高级教师。

基",再到"义务教育、高中"两阶段设计,以及第八次课程改革所强调的"三维",逐渐凸显了课程的育人功能,全面深化了素质教育的发展。与此同时,"情境"一词频繁出现在国家教育文件中,从课程实施与评价方面提出了具体要求。

就课程实施维度而言,2019 年,中共中央、国务院印发的《关于深化教育教学改革全面提高义务教育质量的意见》提出,"强化课堂主阵地作用,切实提高课堂教学质量",要求"融合运用传统与现代技术手段,重视情境教学,优化教学方式"[1]。2022 年 4 月,《义务教育课程方案(2022 年版)》颁布,课程实施部分指出,"注重真实情境的创设,增强学生认识真实世界、解决真实问题的能力"[2]。与此同时,各学科课程标准均围绕"增强课程实施的情境性和实践性"做出了具体阐述。

就课程评价维度而言,2019 年 11 月,教育部印发的《关于加强初中学业水平考试命题工作的意见》提出"提高试题科学化水平",明确要求"充分考虑城乡学生学习和生活实际,增强情境创设的真实性、典型性、适切性,提高试题情境设计水平"。2020 年,教育部考试中心发布《中国高考评价体系》和《中国高考评价体系说明》,创造性地提出了考查载体,即试题情境,明确要求"通过设计生活实践情境和学习探索情境,实现对不同内容、不同水平学科素养的考查"。

由此,本文认为在国家课程改革中,通过学习情境、试题情境的创设进一步提高课堂教学质量,已逐步成为课堂改革的关键环节。

二、内涵:情境在课程改革中的价值取向

"情境",在中国古代是两个独立的词,合而言之有两种基本意思:一是"带有感情的环境";二是"事物表现的实际情况""具体场合的情形"。有研究者认为,情境指学生在真实的生活世界中需要真正面对的问题环境,"即让学生回到真实的情境中解决真实的问题"。也有研究者认为,情境是连接学生体验、社会生活与所学知识技能的纽带,是学科素养形成、发展与表现的载体。基于"建构主义"和"情境认知"理论,还有研究者认为,情境是个体产生、建构知识的主客观背景,在这个背景中,个体通过和群体互动,用自己原有认

知结构中的经验赋予新知识某种意义，或对原有认知结构进行改造与重组[3]。所以，情境是一种学生个体主动加工知识的适时存在的场合、氛围，它因学生学习而存在，同时刺激学生学习行为的发生。

而"情境教育"的思想源远流长，最早可追溯到孔子树下讲学，苏格拉底在集市、剧院与人辩论，以及苏霍姆林斯基提出"活的教育"等。情境教育的发展，一般认为源于19世纪帕克、杜威、威廉姆·威尔特等对经验、实践活动、社区作用的重视，由英国语言学家帕默、洪贝等在20世纪30年代到60年代提出，并由李吉林老师在中国实践、发扬起来的[4]。

综上所述，学习情境是为学生创设的学习背景，强调打破知识的孤立性，将学习与学生生活无缝对接，从而赋予学科生命，使学科教学扎根于学生的具体生活和真实体验中。本文所指的学习情境本质上亦是如此，它是为实施单元教学而构建的宏观学习背景，这个背景将知识与生活无缝衔接，将学习活动与学习结果有机结合，为学生单元学习创设一个广阔而具体的场域。所以从某种意义上讲，学习情境是通过对单元学习达成核心素养的蓝图描绘，是教师预设的"看得到的风景"，它应贴近学习需求，链接学生生活，整合学习内容，明确学习结果，设定评价活动，呈现出学生持续、完整且有意义的学习过程，指引学生达向彼岸。

三、策略：学习情境创设的"两核心三要素"

学习情境创设的策略可概括为"两核心三要素"。两大核心内容：一是本单元将要学习的内容及将达成的目标；二是学习之后将采用的评价方式。具体来说，学习情境创设需要体现三个关键要素：创设学习导语、勾勒学习目标和明晰学习评价。

以教育部审定义务教育教科书小学语文学科"阅读策略单元"为例。教师整合、重组了第二、第三学段的四个自然单元，以学习任务群的视角进行大单元教学设计与实施。在单元学习之前，教师创设了这样的学习情境：

同学们，一串串文字是一个个美妙的音符，一篇篇文章是一幅幅美丽的图画。还记得那有趣的童话故事吗？还记得那神奇的自然现象吗？还记得那了不起的历史人物吗？……本单元，我们将继续在阅读中成长，感受作品中的喜怒哀乐，体会文字所传达的真善美；在美好的阅读中前行，跟随作者找准人生目标，丰富精神世界。本单元学完以后，我们将开展"我是阅读小达人"主题系列评比活动，包含"出彩少年、共沐书香""阅读马拉松"等，通过这些活动评一评谁的阅读技巧更娴熟，谁的阅读方法更适宜，谁的阅读策略更高效。让我们积极准备，一展风采吧！

在这一学习情境中，包括了两大核心内容。一是明确了本单元将要学什么及将达成怎样的目标，即在学习之前，使学生知道本单元"我们将继续在阅读中成长，感受作品中的喜怒哀乐，体会文字所传达的真善美；在美好的阅读中前行，跟随作者找准人生目标，丰富精神世界"，将要达成的目标是"阅读技巧更娴熟，阅读方法更适宜，阅读策略更高效"。二是明确了学习之后将采用的评价方式，即参加"我是阅读小达人"主题系列评比活动，包括"出彩少年、共沐书香""阅读马拉松"等。

具体来说，学习情境创设体现了三个关键要素。

其一，链接学生日常生活，创设学习导语。阅读伴随学生成长的每一天，从建立零散的、不系统的阅读经验，到学习阅读策略，逐渐从形象思维向抽象思维过渡，养成比较系统的、有目的性的阅读习惯。在这一学习情境中，"同学们，一串串文字是一个个美妙的音符，一篇篇文章是一幅幅美丽的图画。还记得那有趣的童话故事吗？还记得那神奇的自然现象吗？还记得那了不起的历史人物吗"是学习导语，链接了学生日常阅读生活，达成了唤醒学生的阅读体验、激发单元学习兴趣的目的，有效引导学生在丰富的阅读实践中提升阅读力和思考力。

其二，链接核心素养，勾勒学习目标。从三年级开始，统编教材有目的地编排了四个阅读策略单元：预测、提问、阅读要有一定的速度、有目的的阅读。这样编排有利于学生建立运用阅读策略的意识，获得必要的阅读策略，最终使学生爱上阅读，成为积极主动的阅读者。这一学习情境链接语文课程核心素养，勾勒了学习目标："继续在阅读中成长，感受作品中的喜怒哀乐，体会文字所传达的真善美；在美好的阅读中前行，跟随作者找准人生目标，丰富精神世界"。这一学习目标的勾勒，引导学生整体感知了本单元的学习内容及所需达成的美好愿景。

其三，链接学科育人功能，明晰学习评价。在本单元的学习过程中，同学们将在阅读中学习策略，并运用阅读策略提高阅读质量。为此，教师在学生学习之前，指向语文学科的育人功能，提出明晰的学习评价，即开展"我是阅读小达人"主题系列评比活动，包含"出彩少年、共沐书香""阅读马拉松"等。从而使学生认识到，单元学习之后的展演活动是自己的学习方向，是展现素养的舞台，从而努力斩获佳绩。同时使教师明确，单元学习评价是学生"走得到的景点"，需要在教学实践中思考"如何把学生带到那里去"。

四、结　语

总之，实施单元学习前创设的学习情境是对学生核心素养达成蓝图的描绘。我们应深入解读学习情境的发展、内涵及建构策略，并在实施过程中去真正激发学生学习的愿望和使命感，同时也更好地推进"教—学—评"一体化理念的落实，促进新课标背景下学生学习方式的变革。

参考文献

［1］中共中央、国务院.关于深化教育教学改革全面提高义务教育质量的意见［EB/OL］.（2019-06-23）［2020-01-05］.www.scio.gov.cn.

［2］中华人民共和国教育部.义务教育课程方案（2022年版）［S］.北京：人民教育出版社，2022.

［3］高文，徐斌艳，吴刚.建构主义教育研究［M］.北京：教育科学出版社，2008：10.

［4］曹艳.李吉林语文情境教育思想研究［D］.成都：四川师范大学，2008.

知识结构：学生解决真实问题的思维路径

汪艳丽　上官勤　王明霞[*]

摘要：单元知识结构是站在学生学习的角度，围绕单元大观念，对相关重要的小观念及其关系进行的梳理建构，它本质上是学生解决实际问题的思维路径，旨在摸清学生学习上的重点、难点，打通学生解决问题的思维卡点，从而落实课程核心素养。

关键词：单元大观念；单元知识结构；课程核心素养

2001 年，教育部启动了第八次基础教育课程改革，2011 年 12 月，正式颁布《义务教育课程标准（2011 年版）》（以下简称《标准》）。该《标准》体现了素质教育理念，强调教学方式方法的变革，构建新的课程体系。2022 年 4 月，教育部印发《义务教育课程方案和课程标准（2022 年版）》，反复强调加强知识间的内在关联，促进知识结构化。学习的本质就是建构知识，因此，强调知识结构化标志着我国课程改革对教育教学回归学习本质的呼唤。

一、单元知识结构的内涵及意义

一般认为的知识结构是指一个人经过专门学习培训后所拥有的知识体系的构成情况与结合方式，它包括知识的组成、知识的层级关系、知识点之间的前后依赖等。这样的知识结构是教材有形知识点的梳理、关系的建立，强调的只是知识的从属或衍生关系，并非对知识间的意义关联进行揭示或推理，因此在实际应用时不能做出合理的应激反应。我们强调的单元知识结构是在遇到挑战时能够随意调取知识以解决实际问题，也就是当面临实际复杂的问题时，学

*汪艳丽，郑州中学第二附属小学校长，中小学高级教师；王明霞，郑州高新技术产业开发区尚文中学，中小学高级教师；上官勤，郑州中学第二附属小学数学教师。

生的知识是有组织的、条件化的，知道何时何条件运用该知识，为何运用该知识，怎么运用该知识等，因此这种知识结构确切地说是学生的认知结构，它主要采用动态的流程或方法论的思路来建立知识的内在关系，以期找到学生在复杂情境下解决问题的思维路径，从而培养科学的思维方式，提高学生的实践能力。

单元大观念是对单元中的种种小观念的本质提炼，那么单元大观念与重要的小观念之间是什么关系呢？本案中的单元知识结构就是在进行单元设计时，教师站在学生学习的角度，围绕单元大观念对相关重要小观念及其关系进行推断、揭示、建构。它是在单元教学之前，教师首先对单元内容实现真正理解的重要标志，以少统多、以简驭繁，以期在单元教学实施过程中引导学生深度学习，建构学生自己的认知体系。

二、单元知识结构的建构原则与策略

单元知识结构的建立，在意识层面解决了单元教学的整体性、系统性问题，是单元教学目标制订的前提，也是单元教学规划的基础。因此从某种意义上说，单元知识结构的建构原则同时也是建构策略。

从根本上说，单元知识结构的建立就意味着实现了真正理解与知识的迁移，也意味着学习在本课堂教学的发生，所以建构单元知识结构应遵循以下三大原则。

1. 围绕单元大观念

单元大观念是单元课程内容的一条总纲，也是总结与组织单元知识的透镜。在其观照下，单元孤立、零碎的知识具有了实际意义，就像一个人在集体中被赋予了社会职责从而具有某种使命一样，因此，单元知识结构的建立一定要围绕单元大观念，基于单元大观念进行瞬间下意识地追问，即单元大观念的关键是什么？"关键的"关键是什么？以此思维方式不断追问与回答，抽丝剥茧，寻根问底，步步为营。

2. 从学生学习出发

单元知识结构不是教师组织教学的步骤，也不是呈现教学内容的顺序安排，它不是教师教的思路，而是学生学的思路。因此教师在建构单元知识时一定要转变观念，将自己当作学生，从学生学习的角度，或者说从一个未知者的角度，一步步去探寻单元大观念下诸多相关重要的小观念之间的关系，这种关系是知识之间关联性的梳理，更是学生面对真实问题时的真实的思维之路。

3. 指向实践迁移

作为思维路径，单元知识结构最终的归宿在哪里？即解决问题的方法、策略。梳理种种重要的小观念及其关系之后，单元知识结构要落脚到解决问题的具体方案上来。从这个角度看，单元知识结构就像一座冰山，海平面之上的部分是解决问题的"法"，海平面下的则是"理"，所谓循理入法，以理驭法。

依据这三条原则，单元知识结构的建立可以遵循以下思路，即抓关键，析要素，结应用。如图1所示，基于单元大观念，追问并找到关键的小观念，然后对具有总括性的小观念进行解析，从不同角度分层细化，推出一个个小观念，最后归结到应用的策略、方法。

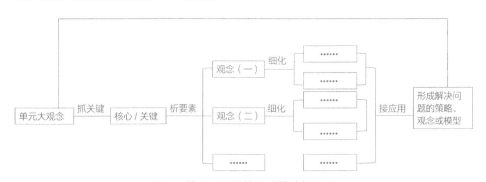

图1　单元知识结构设计模式框架图

三、单元知识结构建构案例与解读

（一）小学语文第一学段"识字单元"的单元知识结构建构过程

1. 确立单元大观念

汉字是中华文明延续与发展的重要载体，其本身就蕴含着极其丰富的文化。统编教材的编写渗透了大量的汉字文化，主要体现在汉字字理、汉字演变过程及汉字故事。小学第一学段"识字单元"的设置，重在渗透汉字文化，体现汉字规律，着力于激发学生识字兴趣，指导识字方法，培养识字能力。为此，我们将"识字单元"的核心价值定位在"关注汉字的本质，辨析汉字音、形、义，传承汉字文化"。从而确立单元大观念：追根溯源识汉字。

2. 从学生学习出发

确立了单元大观念，我们站在学生思维的角度思考大观念形成的过程，图示知识之间的内在联系，看到"追根溯源识汉字"这一大观念，学生下意识的反应会是什么？"什么是汉字的根？什么是汉字的源？"汉字的本质是学生思维上的难点，也是结构图中的关键点。因此，结构图中大观念下的关键点便是"汉字是音、形、义的结合体。"

学生把握了汉字的本质，接着又会追问什么呢？如"汉字音、形、义之间的关系是怎样的？"也就是我们该如何辨析音、形、义识字？这指向对构字规律的探索，对应结构图中的"构造汉字有规律"。"构造汉字有哪些规律？"学生接着追问。结构图接下来的部分便是针对学生的这个思考点建构的。

第一学段的学生识字量有限，但每位学生都有一定的识字基础，只要认真思考，就会发现这些字有的简单，独立成字；有的复杂，是由两个及以上部件组合而成的，即学生对构字规律的初步探索：独体字是以笔画为直接单位构成的，合体字是由两个及以上独体字或者由偏旁和独体字构成的。

学生对构字规律的初步探索主要聚焦于汉字的形，在对汉字音、形、义的进一步探究中，学生会发现象形字和指事字在结构上都归"独体"，但象形是一种图画式的造字方法，多表示具体概念；指事是在象形的基础上加指事符号以标识字义所指，多表示抽象概念。会意字和形声字在结构上归"合体"，会意字是根据事物间的某种关系示意进行造字的方法；形声字由表示汉字意义类属的形旁和提示读音的声旁复合成体的造字方法。

3. 指向实践迁移

"了解了构字规律，我们真的能运用它认识生活中的汉字朋友吗？"学生会进一步探寻。学生在认识有关人的身体与行为、天地四方、自然万物等方面的常用字时，会发现可以迁移运用象形和指事造字法。在认识家庭生活、学校生活、社会生活中的常用字时，发现会意、形声造字法运用较多。从而在实践中挖掘汉字的字源字理时，将抽象的文字符号具体化和形象化，实现追根溯源识汉字，真正内化大观念。

单元知识结构建构如图 2 所示。

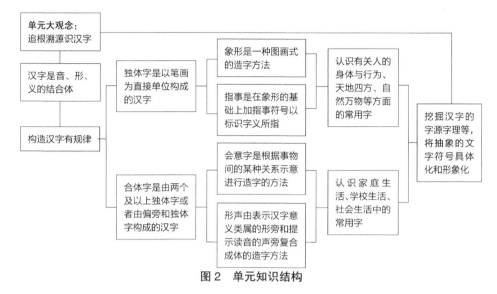

图 2 单元知识结构

（二）小学数学四年级上册"除数是两位数的除法"单元知识结构建构过程

1. 确立单元大观念

小学阶段有关整数除法计算，教材分三个阶段学习：二年级下册（除法的认识）、三年级下册（除数是一位数的除法）、四年级上册（除数是两位数的除法）。本单元"除数是两位数的除法"是学习整数除法的最后阶段，要求学生掌握两位数除三位数的计算方法，主要包括除的顺序、商的书写位置、余数必须比除数小等。除数是两位数的除法与除数是一位数的除法算理相同，只是试商难度增大，所以本单元的难点是掌握灵活试商的方法，重点在掌握整数除法的算法，理解整数除法的算理。

从算法的角度来看，计算实际上是计数单位与计数单位的运算、计数单位的个数与计数单位的个数的运算。整数除法只有计数单位的个数参与运算，因此，我们要抓住被除数的计数单位的个数如何被除数这样的单位依次细分，从而确立单元大观念：除法是把被除数计数单位的个数从高位向低位依次细分。

2. 从学生学习出发

从单元大观念出发，学生在初步感知除法的本质后，会提出"如何从高位向低位细分被除数计数单位的个数"这个基本问题。当除数是两位数时，如何细分呢？分着分着还有剩余，剩下的该怎样分呢？在这样的思考之下，我们找到了本单元的关键——"把计数单位的个数分下去，分不尽时，向低位细分单位继续除"。学生找到解决问题的关键，也理出计算的基本思路。然后依据除数的不同类别，边学习边分类，归纳除数是两位数除法的方法，也是本单元的重要要素。学生在经历除数是两位数除法的计算算理和计算方法的探究过程中，明白除法运算是计算被除数里面包含几个这样的除数单位，感悟数的运算具有一致性。

3. 指向实践迁移

学生对这些要素的学习过程，不仅梳理了整数除法思维的过程，明白了算理是算法的因、算法是算理的果，同时也对单元大观念做了进一步的理解和内化。在此基础上，我们揭示除法的本质，总结整数除法的计算方法，打通了四则运算的内在联系，使知识结构化、系统化、逻辑化，并统领整个除法领域的学习，学以致用，为学生自主迁移探究小数和分数除法提供支撑。

在单元大观念的统领下，结合本单元的知识和学生已有的知识经验和认知特点，建构了单元知识结构，如图 3 所示。

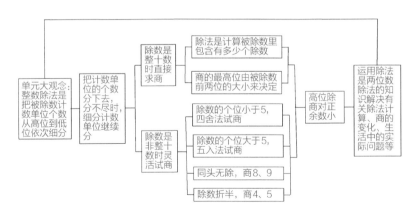

图 3　单元知识结构

从根本上来说，单元教学的目的就是实现知识结构化。教师在教学设计时建构单元知识结构，通过教学实施，引导学生提炼出单元大观念，围绕单元大观念一步步展开学习，总结一个个重要的小观念并建构出它们之间的关系，从而形成单元知识结构，这既是学习真正发生的过程，也是落实课程核心素养的过程，更是学生参与实践并用所学知识解决问题的过程。

参考文献

［1］中华人民共和国教育部.义务教育课程方案（2022版）［S］.北京：人民教育出版社，2022

［2］卢臻，许巧枝，康明达.教学评一体化教学［M］.郑州：河南科学技术出版社，2017.

学习任务：学生展开自主学习的有效载体 *

刘　娜　汪艳丽 **

摘要： 学习任务的创设是课堂教学落实学生核心素养的重要工作，为确保单元教学中学习任务的质量，设计应遵循情境性、系统性、一致性的原则，强调以单元大观念为统领，围绕基本问题设计前置任务、研学任务、展演任务等学习任务组群，促使学生经历建构知识、运用知识的过程。

关键词： 学习任务；自主学习；有效载体

《义务教育课程方案（2022年版）》（以下简称《方案》）在"课程实施"部分强调大单元教学，通过开展主题化、项目式学习等综合性教学活动，促进学生举一反三、融会贯通，加强知识间的内在关联，促进知识结构化[1]。与此一致，本文所说的学习任务即大单元教学中的综合性教学活动，它是学生学习发生、发展的有效载体，也是落实学生核心素养的广阔平台。

一、认识学习任务

随着课程改革的不断推进，义务教育阶段教师专业化程度逐步加深，学生学习生态正在逐步改善，但也存在种种影响教育教学质量提升的问题，尤其在《方案》出台以后，我们应更加清醒深刻地审视教学中存在的问题，担负起新时代赋予我们的使命。这种使命，主要在于转变教学观念，创设能促进学生知识建构的学习任务，从而密切学习与生活的联系，增强学生学习的内驱力，培养学生的思维能力。

*本文系2021年度河南省基础教育教学研究室专项课题"指向学科核心素养的小学单元教学设计与实施的研究"（课题编号：JCJYC212501101）的阶段性研究成果。

**刘娜，郑州高新技术产业开发区外国语小学校长，中小学高级教师；汪艳丽，郑州中学第二附属小学校长，中小学高级教师。

学习任务，字面释义为有明确目的的学习活动。"任"有信任、任命之义，"务"指事情、事务。任务，就是指人们在日常生活、工作、娱乐活动中所从事的各种各样有目的的活动，通常指上级交派的工作及担负的责任等。

　　《方案》"课程实施"部分提出，深化教学改革要注重"做中学"，引导学生参与学科探究活动，经历发现问题、解决问题、建构知识、运用知识的过程，体会学科思想方法；同时也须加强知识学习与学生经验、现实生活、社会实践之间的联系，注重真实情境的创设，增强学生认识真实世界、解决真实问题的能力。《义务教育语文课程标准（2022 年版）》"课程理念"部分提出，教学应遵循学生身心发展规律和核心素养形成的内在逻辑，以生活为基础，以语文实践活动为主线，以学习主题为引领，以学习任务为载体，整合学习内容、情境、方法和资源等要素，设计语文学习任务群，要求从学生语文生活实际出发，创设丰富多彩的学习情境，设计富有挑战性的学习任务，激发学生的好奇心、想象力、求知欲，促进学生自主、合作、探究学习。《义务教育英语课程标准（2022 年版）》"课程理念"部分也提出，学生应围绕真实情境和真实问题，激活已知，参与到指向主题意义探究的学习理解、应用实践和迁移创新等一系列相互关联、循序递进的语言学习和运用活动中。《义务教育数学课程标准（2022 年版）》"教学建议"部分强调要重视单元整体教学设计，体现数学知识之间的内在逻辑关系，以及学习内容与核心素养表现的关联，注重发挥情境设计与问题提出对学生主动参与教学活动的促进作用，适当采取主题活动或项目学习的方式，促进学生对教学内容的整体理解与实际应用。另外，《义务教育道德与法治课程标准（2022 年版）》"评价建议"部分提出"任务指向"，依据学业质量标准和学习内容的不同特点，综合考查学生面对真实问题情境，在完成相应的学习任务过程中，展现出的核心素养达成情况；同时指出学习任务应具有多样性，任务设计应具有合适的思维水平层级[1]。此外，诸如《义务教育体育与健康课程标准（2022 年版）》等均对学习任务设计提出了明确建议。

　　可以看出，虽然各课程标准在学习任务这一名称的表述上不一而足，但其内涵是一致的，即学习任务是为落实学生核心素养而创设的有意义的活动，也可以说是课堂教学过程中学生为达成单元目标而需完成的实践作业。华东师范大学崔允漷教授等在《语文学习任务究竟是什么？》一文中强调"学习任务"

应契合新课标所强调的"实践"的思想，认为语文学习任务是素养导向的语文实践活动，其实质是真实情境下的语言文字运用[3]。华东师范大学吴刚平教授等主编的《新方案、新课标、新征程》一书也指出，通过任务型、项目化的内容汇聚机制和动力激发机制，让学科知识、学习过程和学习结果嵌套整合，更具操作性、具身性和体验性，整个教学转向知识建构型教学，突出学生与学科知识的意义关联和价值关系，实现教学活动的意义增值[4]。

综上所述，学习任务既是学习活动，又是综合性的课中作业，还可以是用以考量学习表现的评价活动，它在整个单元教学中多位一体，一贯到底，是单元教学中学生展开自主学习的有效载体。所以本案中的学习任务在设计上强调与单元大观念、单元目标一致，围绕单元基本问题创设学生喜闻乐见的真实性情境任务，它贯穿课前、课中、课后整个知识建构的过程，学习任务之间相互联系、循序进阶。它与《义务教育语文课程标准（2022年版）》中"学习任务群"的理念相通，但架构方式不同。

二、设计学习任务

根据课前、课中、课后不同的学习目的，统筹设计前置任务、研学任务、展演任务等"三位一体"的学习任务组群，同时匹配相应的评价量表。其中前置任务用于单元学习之前，"未学先做"，初步试做"有形成果"，目的是唤醒学生旧知，在失误中寻找学习上的"惑"，从而对学习新知产生预期；研学任务主要是课堂教学过程中展开的探究新知的活动，边学边修改"有形成果"，以期形成解决问题的思路、模型、策略等；展演任务则主要指课后的交流、分享活动，在展示"有形成果"的过程中，进一步发现问题，完善学习表现。三项任务各自独立又互相交叉，可随时进行任务之间的转换，在循环往复中建构知识，落实"教—学—评"一体化[2]，让学习精准高效，素养真实可见。学习任务内在逻辑关系如图1所示。

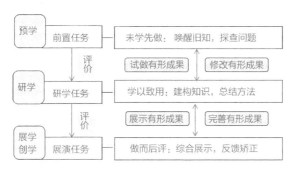

图1 学习任务内在逻辑关系

（一）设计原则

1. 情境性原则

根据学生年龄特点和已有经验，结合基本问题的核心价值，学习任务须创设真实的生活情境，从而促使学生经历发现问题寻找方法、解决问题建构知识、应用方法优化生活的探究过程。学生在这个过程中领悟到"学了有用、学是为了用"，从而激发学习内驱力。

2. 系统性原则

前置、研学、展演三项学习任务内在关联，有序展开，相辅相成。其中前置任务一做到底，学前试做，学中修改，学后展示；研学任务与单元目标一体设计，任务之间目的一致，情境相通，知识相连；展演任务则更像一个真实性的总结评价，是对学生研学活动的验收，也是对单元目标落实的检测。学生从中体验到"建构一体、螺旋上升"的快乐，从而发展思维能力。

3. 一致性原则

单元大观念统领下，针对单元目标设计学习任务，针对学习任务制定评价量表，做到目标、任务、评价三者高度一致。有什么样的目标，就要有什么样的学习任务及评价量规，这是"教—学—评"一体化的基本原则。促使学生"心中有目标、学中有标尺"，从而时刻明确自己"学得怎么样、哪里再努力"，确保学习效率的提升。

（二）设计方法

1. 前置任务

前置任务是单元学习的开启。设计中要重点关注三点要素：其一是情境。

创设真实的学习情境，引领学生走入与之密切相关的现实生活；其二是包容。在具体情境中引发明确具体的探究问题，形成单元综合性大任务，该任务指向单元大观念与总目标，突出核心目标，而非单一的技能目标；其三是可见。要明确完成学习任务后的"有形成果"，即表现性任务[5]，可以根据不同学科、内容的特点进行设计，如语文学科的学习档案，数学学科的小论文、调查报告，科学学科的创意制作，美术学科的绘画集等。其中，学生根据已有经验、预习收获、资料查阅等尝试体验大任务，自主或合作学习并适当解决相关问题，在试做中形成初步的"有形成果"，建立对大观念的浅层认识。

此环节为"预学"。可根据单元内容灵活安排课时，一般情况下不设置课时，作为单元学习前置的实践性预习活动，学生在课下进行综合体验；也可以设置单元前1课时。根据前置任务的体验与达成情况，学生整体感知单元主旨、学习目标与知识结构，明确个人优势与劣势、经验与不足，从而制订个人单元学习计划；教师则从中更加精准分析并把握学情，提前对教学方案进行科学合理的优化调整。

2. 研学任务

研学任务是单元学习的主体部分，是学生建构知识结构、发展核心素养的重中之重。它涵盖以下几个关键要素。

（1）基本问题统领学习。围绕单元大观念，确立要解决的基本问题和该问题指向的核心价值，统领整个单元的学习。

（2）精学实评搭建支架。单元目标分解课时目标，基本问题分解课时问题，单元综合性大任务分解课时任务群，学习任务匹配评价量表。根据前期全面系统的分析，基于单元目标，按照单元知识结构的思维路径，结合教材内容整合分析，在真实的生活情境中，通过前置任务中"有形成果"的完成情况，逐步将分解的任务引向深入，建立思维的关联性、进阶性。每一阶段的学习都建立在上一阶段学习的基础之上，是下一阶段的旧知识，也可以作为下一阶段的前置任务。学习中不断用总结的方法、形成的意识来修改完善"有形成果"，边学边评，环环相扣，知识在旧知识与新知识的循环往复中得以系统建构。其中，学生在具体探究、合作交流中充分体验大任务，积极主动参与，精准有效解决相关问题，在系统学习中形成较为完善的"有形成果"，建立对大观念的基本认识。

此环节为"研学"。作为单元学习的主干，要占据大部分课时，可根据内容灵活安排。总体要做到单元整合、目标统领、问题导引、任务驱动、评价跟进。学生在研学中不断修订并完善前置任务，整理"有形成果"，其中融入作业的设计与落实，是课内与课外的结合，完善和促进学生的学习表现，归纳学习方法，创生学科思想，落实素养目标；教师在引领学生不断挑战、完成并评测研学任务的过程中，心中有目标、眼中有学生、胸中有章法，基于真实证据监控并调适教学。

3. 展演任务

展演任务是单元学习的总结与拓展。基于前面的真实情境，在前置、研学整个过程中学生对大任务有了系统学习，经历探究实践、合作互学、总结提炼、修改优化，形成了属于自己或团队较为完善的"有形成果"。在此设置展演任务，情境中采用交流展示、比赛评选等形式进行总结性评价，确立优秀范本、总结学习收获，强化应用拓展。从中进一步完善"有形成果"，建立对大观念的整体认识。

此环节为"展学"，也蕴含着"创学"。可根据单元内容灵活安排课时，一般设置为单元后的1课时，也可以延伸至课下的实践活动。通过多种形式对单元学习成果进行展示与评价，表现学科本质，学生对单元目标的达成度、自我学习情况有了较为全面客观的评定，对比他人成果不仅能够找到差距、弥补不足、增强信心，更能为接下来的学习提供参考、明确目标，还能在相互碰撞中激发新的思考，创生新的智慧；教师把学生展示作为单元总结性评价的依据，对单元达标情况进行全面分析，及时反思教学中的成败与关键，并非意味着单元学习的结束，而是另一个新的学习阶段的开始，对教学具有指导意义，对个人专业发展潜移默化中起到积极促进作用。

根据学习任务的设计原则与方法，以人教版《数学》小学三年级下册第七单元"小数的初步认识"为具体案例，体现更为直观、明晰的思路，如图2所示。

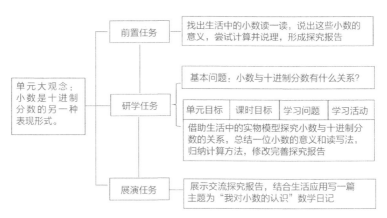

图2　"小数的初步认识"案例

（三）匹配评价

学生评价是单元教学的导向标，是决定核心素养能够落实到学生身上的关键[4]。各学科《义务教育课程标准（2022年版）》中均明确描述"学业质量"，学业质量是学生在完成课程学习后的学业成就表现；学业质量标准是以核心素养为主要维度，结合课程内容，根据不同学段学业成就表现的关键特征的具体刻画，反映课程目标的达成度[5]。在此研制评价量表是和新课标的精准对接。评价量表体现评价的规则与标准，与学习任务匹配设计，即"有任务必有评价"，其核心是素养目标的具体分解与分层呈现，即对单元目标的细化，并结合学情对指标进行不同等级的具体描述。全过程反映学生应用知识解决实际问题的技能、思想、意识与方法等，理性对应思维发展、观念建立、习惯养成情况，不断用事实证据指导教学、确保质量。

具体设计思路：

围绕三项学习任务，设计三组相对应的评价量表。

第一组为前置任务评价量表。在生活情境中引出聚焦基本问题的真实性大任务，自主设疑，评估旧知，引发认知冲突，激发学习期待。

第二组为研学任务评价量表。包含两个方面，其一是具体任务完成情况评价量表，其二是学生课堂表现评价量表，均为表现性评价。第一个量表中一个评价维度对应一项核心学习任务，通过各环节学习结果的反馈，及时改进教与学的策略；第二个量表中一个评价维度对应一项关键学习方式，引导学生发现自身潜能，改进学习态度与习惯，逐步达成知行合一。

第三组为展演任务评价量表。全班展示交流、依标互评、总体反馈学习情况，及时诊断目标达成度，适时矫正，达到学以致用。

根据评价量表的设计思路，以人教版《数学》小学五年级下册第六单元"分数的加法和减法"示例第一组"前置任务评价量表"，设计"布展规划图"评价量表。见表1。

表1　"布展规划图"评价量表

维度	评价等级标准		
	A	B	C
布展规划图	能够设计一份布局合理、美观的展区规划图，并用分数表示出每一块区域约占总面积的几分之几	能够设计一份展区规划图，但不够合理或美观，能用分数表示出每一块区域约占总面积的几分之几	在他人的帮助下能够设计一份展区规划图，不能用分数表示出部分区域约占总面积的几分之几

每个评价项目分为 A、B、C 三个等级，全面覆盖每一名学生，每一个环节。评价中坚持内容的全面性，形式的多样性，主体的多元性。至此，本单元学生是否达到了预先的学习目标，达到了什么样的程度，师生在学习之初、之中、之后均能及时反馈矫正、调整思路，有明确的基准和方向。

三、结论与建议

（一）学习任务设计

（1）打破框架，规避模式。不同学科、不同内容均有其独特的属性，学习任务的设计并不是一成不变的，在设计中建议全面分析、整合资源、创新思路，紧紧围绕学生思维进阶与素养发展，避免模式化。

（2）任务统领，内部关联。同一单元的学习任务，建议设计一个以基本问题为核心的综合性真实任务，贯穿在前置、研学、展演任务之中，一条主线把学生已有经验与新知学习、知识建构与实际应用的内部逻辑关联起来。

（3）学评一体，任务有效。没有评价的任务常常是低效或无效的，建议在设计学习任务的同时，一定要随之研制评价量表，两者要统一构思。评价量表中维度的确定要和任务相匹配，其层级和具体指标要清晰明确、具体可评。

（二）学生素养发展

（1）有理想，明确学习方向。学生在全面、全程体验学习任务之中，始终朝向大观念的建立，落实基本问题的解决与目标的达成，心中始终有明确的方向。在此更能发展方向意识，落实理想与行动的一致。

（2）有本领，掌握学习方法。在任务的系统学习中，学生的认知逐步建立起内在的逻辑关系，梳理完善方法、形成观念意识、评价跟进调适，始终把握科学有效的学习方法。在此更能发展思维能力，落实本领与行动的一致。

（3）有担当，强化学习应用。学习任务来源于真实的生活，学生通过探究并解决实际问题，能够将学科学习与社会应用有机结合起来，明确学习的意义和价值。在此更能发展自主学习的意识，落实担当与行动的一致。

（三）教师专业成长

（1）提高理论水平。学习任务的设计对教师提出了更高的要求，建议教师加强教育教学理论的学习，深入开展学科教研活动，研究与实践、设计与实施相结合，不断总结经验、审视不足，丰富认知、优化做法。

（2）把握学科本质。学习任务的设计建立在对学科本质的精准把握之上，建议教师认真研读新课标，对义务教育阶段的教材做到统筹把握，对各学段学情进行全面分析，从而设计出系统有效的学习任务。

（3）实现学科育人。学习任务的设计指向学生核心素养的发展，建议教师更新认识，让单元大观念统领素养目标，将素养目标细化分解到学习任务之中，不再是单一地"教"学科知识，而是通过学科实现整体育人。

参考文献

［1］教育部义务教育课程方案和课程标准（2022年版）［S］.北京：人民教育出版社，2022.

［2］卢臻，许巧枝，康明达.教学评一体化教学·目标与设计［M］.郑州：河南科学技术出版社，2017.

［3］文艺，崔允漷.语文学习任务究竟是什么［J］.课程·教材·教法，2022（1）：42.

［4］吴刚平，安桂清，周文叶.新方案　新课标　新征程：义务教育课程方案和课程标准（2022年版）研读［M］.上海：华东师范大学出版社，2022.

［5］特蕾西·K.希尔.设计与运用表现性任务——促进学生学习与评估［M］.杜丹丹，杭秀，译.福州：福建教育出版社，2019.

教学评丛书

第二篇　实践案例

减少环境污染是绿色生活的保障

——统编版《道德与法治》小学四年级上册第四单元"让生活多一些绿色"

李　昕　吴娇阳　王明霞 *

一、制订基于核心素养的单元目标

环境是人类赖以生存和发展的基本条件，随着社会的快速发展，环境污染日益严重，逐渐影响着人们的生活。我们该怎样去守护绿色生活呢？本单元引导学生从身边的环境污染问题入手，分析发现生活与环境保护紧密相关，通过对环境与生活关系的探究，可以明确提出大观念。那么如何减少环境污染，保障绿色生活呢？我们逆向推想，学生能够在生活中参与环保行动，守护绿色生活，首先要认识到环境污染对人类生活的危害，其次提出多种方式解决环境污染问题，最后形成自觉保护环境的意识。

（一）提炼单元大观念

1. 课程标准分析

课程总目标：敬畏生命，保护环境，形成人与自然生命是共同体的意识。

第二学段目标：热爱自然，了解自然是我们生活的共同家园，懂得保护环境、爱护动物、节约资源。

第二学段内容要求：学习保护环境的基本常识，增强环境保护意识。初步树立生态文明意识，领悟"绿水青山就是金山银山"的道理。

第二学段学业质量标准：勤俭节约，能够理解"绿水青山就是金山银山"

* 李昕　吴娇阳，郑州中学第二附属小学教师；王明霞，郑州高新技术产业开发区尚文中学，中小学高级教师。

的道理，自觉保护自然环境。

《义务教育道德与法治课程标准（2022年版）》中对第一学段有关环境方面的要求是：亲近自然，感受自然之美，保护动物，爱护一草一木，保护自然环境。《义务教育道德与法治课程标准（2022年版）》中对第三学段有关环境方面的要求是：热爱并尊重自然，自觉保护环境、爱护动物，初步了解可持续发展理念。据此分析，第一学段是让学生在感受自然美的基础上，建立爱护环境的意识。第二学段是让学生认识到环境与生活的关系，建立主动保护环境的意识。第三学段是让学生理解人与自然、环境的相互依存关系，知道保护环境是人类共同的责任。因此，本单元的核心价值在于探究环境与生活的关系，不仅要有保护环境的意识，还能运用有效的方式方法解决污染问题，主动参与环保行动。

2. 教材分析

（1）相关教材内容梳理。

本单元包含三节课内容《我们所了解的环境污染》《变废为宝有妙招》《低碳生活每一天》。

《我们所了解的环境污染》有两个话题："从'白色污染'说起""环境污染大搜索"。引导学生从生活经验出发，认识、体会塑料废弃品对环境的危害，调查生活中的污染问题，更深刻地认识到环境污染的现状及给人们生活带来的危害。

《变废为宝有妙招》有两个话题："暴增的垃圾""减少垃圾　变废为宝"。侧重于引导学生在探究过程中，认识垃圾的来源及其对环境的污染，学习垃圾分类，理解垃圾回收、循环再利用的意义，学会节约资源，树立环保意识。

《低碳生活每一天》有两个话题："地球发烧了""减少碳排放"。旨在引导学生认识地球变暖与人们的日常生活方式息息相关，要自觉减少碳排放，过低碳生活，增强社会责任意识。

（2）教材内容整合分析。

环境问题在各个学段都有涉及，如：二年级下册"绿色小卫士"，六年级下册"爱护地球，共同责任"等。本学段以二年级"认识并懂得节约日常生活中的各种资源"为基础，为高学段能够身体力行保护环境，形成"人类命运共同体"的责任意识做好准备。为此，本单元的核心价值追求是"环境与生活的关系"，整合安排如下：

第1课时，结合生活中的环境污染案例，分享环境污染调查表，交流生活中的环境污染问题，初步提炼单元大观念。

第2课时，将"从'白色污染'说起""暴增的垃圾""地球发烧了"融合为一课时，明晰环境污染对生活产生的严重影响。

第3课时，将"减少垃圾 变废为宝""减少我们的碳排放"融合为1课时，归纳创建绿色生活的具体做法。

第4课时，归纳所学环保知识，完善环境污染调查表，强化对单元大观念的认识。

第5课时，通过展示交流环境污染调查表，评选"最佳环保小卫士"，将环保的做法践行于日常生活中。

3. 学情分析

（1）年龄特点。

四年级学生开始建立自我认识，知道自己与他人存在着不同也相互联系，从心理层面开始出现不大喜欢受大人控制的倾向，但自我评价上很大程度较为依赖他人的评价，渴望受到肯定与鼓励。该年龄段学生注意力的稳定性明显提高，逐步由形象思维向抽象思维过渡，表达方式由口头语言向书面语言过渡，概括、抽象、对比与分析能力均有所提升。

（2）知识经验。

四年级学生已经有了亲近自然、爱护身边动植物的意识，但对身边环境污染的了解仅处于感知层面，初步知道人类生活的环境出现了很多污染现象，但对环境污染的来源及其带来的严重危害认识不全面，对守护绿色生活的方式方法缺乏思考与实践。

4. 单元大观念

根据课程标准、教材、学情分析，学生在本单元的学习中经历"发现身边环境污染问题，探究环境污染的原因和危害，提出保护环境有效做法"这一过程，认识环境与生活密切相关，总结环境污染的危害与保护环境的具体做法，形成自觉保护环境的意识，积极参与环保行动，过绿色生活。

由此，确定本单元大观念是：减少环境污染是绿色生活的保障。

（二）建构单元课程结构

单元课程结构如图 1 所示。

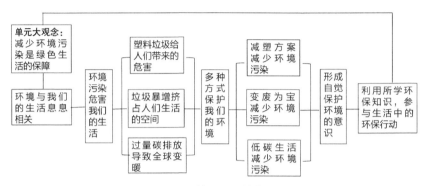

图 1　单元课程结构

（三）表述单元目标

（1）通过交流案例，说出生活中存在的环境污染问题。

（2）通过分析案例，列举环境污染产生的危害，归纳解决的做法。

①通过交流案例，建立有关环境与生活关系的一般认识。

②通过研讨案例，列举环境污染产生的危害。

③通过剖析案例，归纳保护环境的做法。

（3）在具体的比赛情境中，运用环保知识解决实际问题，形成保护环境的意识。

二、创设学习情境和评价任务

（一）学习情境

在日常生活中，环境污染问题随处可见，如白色污染、垃圾暴增，它们给我们的生活带来了哪些危害？我们该怎样减少环境污染，守护我们的绿色生活呢？在这一单元的学习中，我们就要学习保护环境的具体做法，完成"环境污染调查表"。学习结束后，我们将举行"环境污染调查"交流大会，并发起"最佳环保小卫士"评比活动，届时将会随机出示生活中的环境污染问题，看看哪位同学针对问题提出的解决办法又多又好！

（二）评价任务

评价任务如图 2 所示。

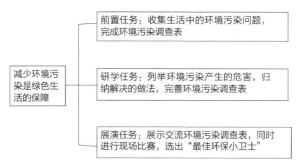

图 2　评价任务

课时总体规划：前置任务不占课时，研学任务占 4 课时，展演任务占 1 课时。

三、设计学习活动方案

（一）前置任务

同学们，环境污染在我们的生活中无处不在，相信你无论在生活中，还是在校园里，都发现了不少环境污染现象。请选择一种环境污染问题，进行调查研究，并完成环境污染调查表吧！

（二）研学任务

引导学生对环境污染进行调查研究，完成"环境污染调查表"。如表 1 所示。

表 1　环境污染调查表

基本问题：减少环境污染的做法有哪些？			
单元目标	课时目标	学习问题	学习活动
（1）通过交流案例，说出生活中存在的环境污染问题。 （2）…… （3）……	第1课时：通过交流案例，结合生活实际，说出生活中存在的环境问题，初步建立有关环境与生活关系的一般认识	（1）在完成环境污染调查表的过程中，你发现了哪些环境污染问题？ （2）环境与生活有什么关系？	**任务 1：分享环境污染调查表，交流生活中的环境污染问题，初步提炼单元大观念。** 合作学习： （1）分享环境污染调查表，围绕环境问题展开讨论，同时提出自己的问题或困惑。 （2）带着问题，整体阅读本单元内容，说一说学习收获，讲一讲环境与生活的关系

单元目标	课时目标	学习问题	学习活动
（1）通过交流案例，说出生活中存在的环境污染问题。 （2）通过分析案例，列举环境污染产生的危害，归纳解决的做法。 （3）在具体的比赛情境中，运用环保知识解决实际问题，形成保护环境的意识	第2课时： 通过研讨案例，列举环境污染产生的危害	环境污染给我们带来哪些危害？	**任务2：分析案例，列举环境污染对我们日常生活的危害。** 同学们，在近期组织的环境污染调查中，相信大家都有不少新发现吧！请同学们小组合作完成以下任务： （1）阅读"塑料袋漂流记"，说出塑料制品在给我们带来便利的同时，又给我们的环境带来了哪些危害？ （2）研讨"暴增的垃圾去哪了？"列举出垃圾的来源及对环境的污染有哪些？ （3）自学"地球发烧了"，梳理全球气温升高导致的后果是什么？ **共学任务：** 小组合作梳理，列举环境污染问题对生活产生的影响
	第3课时： 通过剖析案例，归纳保护环境的做法	保护环境的具体做法有哪些？	**任务3：深入剖析案例，结合环境污染调查表，归纳保护环境的做法。** 同学们，美好的环境与我们每个人息息相关，环境污染给我们的生活带来那么多危害，我们可不能视而不见，一定要人人行动起来！那么，保护环境，我们该怎样做呢？ 自主探究： （1）请你完成"我家的减塑方案"，并在小组内交流分享，归纳出减少塑料袋使用最有效的做法。 （2）阅读"减少垃圾　变废为宝"，请说出如何进行废弃物再利用回收？ （3）结合"减少我们的碳排放"，请你为自己家制订一份家庭低碳生活新规范。 **共学任务：** 小组合作归纳保护环境的具体做法，完善调查表
	第4课时： 通过归纳环保知识，能够进一步建立有关环境与生活关系的认识，正确解决实际问题	环境与个人生活的关系是什么？	**任务4：归纳所学的环保知识，完善环境污染调查表，进一步提炼单元大观念。** 同学们，回顾单元内容，你都有哪些学习收获呢？ 合作学习： （1）请在小组中交流本单元的学习收获，讲一讲环境与个人生活的关系。 （2）相互提问，说一说身边环境问题的解决方法。 （3）完善自己的环境污染调查表

（三）展演任务

1. "环境污染调查表"展示活动

在本单元的学习中，同学们主动发现环境污染问题，认识环境污染问题对生活的影响，提出切实可行的做法，完成了属于自己的环境污染调查表。下面，就请同学们在小组内展示交流自己的调查表，之后推选优秀代表在全班分享，期待你们一展风采！

2. "最佳环保小卫士"评选活动

经过展示交流，每个同学对环境保护一定都有了全面系统的思考，相信也一定能够付诸实际行动。那么，当我们在生活中遇到一些问题，你会怎样做呢？现在，万众期待的"最佳环保小卫士"评比活动就要开始啦！请看大屏幕，根据问题说明正确的解决策略，竞答开始！

四、研制评价量表

根据单元学习目标，本单元共设置三组评价任务。每个评价量表均从不同维度设定为 A、B、C 三个等级，各等级的标准清晰可测。

前置任务及研学任务的评价，由学生依据评价标准自评、互评，个别环节由教师直接评价。展演任务的评价，由学生自组评委会，依据评价标准进行评价。

（一）前置任务评价量表

"环境污染调查表"评价量表如表 2 所示。

表 2 "环境污染调查表"评价量表

维度	评价等级标准		
	A	B	C
问题	能清楚记录至少 3 个生活中存在的环境污染问题	能清楚记录至少 2 个生活中存在的环境污染问题	能清楚记录至少 1 个生活中存在的环境污染问题
建议	能针对每个问题，提出至少 3 条建议	能针对每个问题，提出至少 2 条建议	能针对每个问题，提出至少 1 条建议
呈现方式	能图文结合，清晰展现环境污染问题及解决办法。布局合理，美观大方	能图文结合，较清晰地展现环境污染问题及解决办法	仅能展现环境污染问题及解决办法

（二）研学任务评价量表

"研学任务"评价量表如表3所示。

表3 "研学任务"评价量表

维度	评价等级标准		
	A	B	C
列举危害	至少列举出5条环境污染问题产生的原因或危害	列举出至少4条环境污染问题产生的原因或危害	至少列举出3条环境污染问题产生的原因或危害
解决方法	针对环境污染问题，至少提出3条解决的方法	针对环境污染问题，至少提出2条解决的方法	针对环境污染问题，至少提出1条解决的方法

"课堂表现"评价量表如表4所示。

表4 "课堂表现"评价量表

维度	评价等级标准		
	A	B	C
自主探究	态度积极，能够自主进行调查并完成调查表	态度较积极，有20%需要借助他人帮助，才能完成调查表	态度一般，有40%需要借助他人帮助，才能完成调查表
合作交流	（1）能够认真听取他人列举的环境污染问题的危害，以及提出的解决方法，完善自己的调查表。（2）按照小组分工，主动、有序地参与	（1）能够认真听取他人列举的环境污染问题的危害，以及提出的解决方法，补充自己的调查表。（2）按照小组分工有序地参与	（1）能够听取他人列举的环境污染问题的危害，以及提出的解决方法，借鉴他人的观点，补充自己的调查表。（2）服从小组分工
展示分享	（1）能够积极完整地分享调查表，利用相关知识发表自己的独特观点。（2）仪态自信、语言流畅、思路清晰、中心突出。（3）他人分享后能够主动质疑或补充	（1）能够完整地分享调查表，利用相关知识发表自己的观点。（2）仪态大方、语言流畅、思路明确。（3）他人分享后能够适当补充	（1）能够分享调查表，利用相关知识发表自己的观点。（2）仪态大方、语言流畅。（3）他人分享后能够适当借鉴

（三）展演任务评价量表

"环境污染调查表"展演大会评价量表如表5所示。

表 5　"环境污染调查表"展演大会评价量表

维度	评价等级标准		
	A	B	C
问题与建议	（1）清晰、完整地描述调查表中的环境污染问题。 （2）准确分析出环境污染产生的原因或危害。 （3）至少提出 3 条合理、切实可行的建议做法	（1）完整地描述调查表中的环境污染问题。 （2）较准确地分析出环境污染产生的原因或危害。 （3）至少提出 2 条合理、切实可行的建议做法	（1）简要描述调查表中的环境污染问题。 （2）大致分析出环境污染产生的影响或危害。 （3）至少提出 1 条合理、切实可行的建议做法

"最佳环保小卫士"评比活动评价量表如表 6 所示。

表 6　"最佳环保小卫士"评比活动评价量表

维度	评价等级标准		
	A	B	C
问题解析	在规定时间内，提出的问题解决策略可行、有效、创新	在规定时间内，提出的问题解决策略可行、有效	在规定时间内，提出的问题解决策略可行

五、教学设计反思

"观念""关系""结构""评价"是我们在进行单元教学设计时始终把握的核心，也是我们提升教学质量的本质。基于此，通过全面系统的分析，我们认为"减少环境污染是绿色生活的保障"这一大观念是教学之后留给学生最有价值的思想与行为。为此，本单元明确了"环境与生活的关系"的大观念，将学生生活中、教材中、同伴交流中的环境污染问题进行梳理，在分析问题的原因及危害的过程中，引导学生认识到环境与自我的生活息息相关，从而使"减少环境污染的迫切性"随之入脑入心，探寻解决环境污染问题的方法策略也就油然而生，随着展演与评价，潜移默化中逐步落实到学生的实际行动之中。这样的单元教学设计更符合学生认知规律，结构化的知识体系有利于帮助学生习得学习方法，强化情感体验，促进自觉行动。

其实，在设计与实施的过程中深深受益的不仅是学生的成长，课堂的高效，还有教师的专业发展。每一个单元我们都经历这样一段心路历程，有思考、有生成，也存在不足和问题，恰是此，才促进了我们积极向外学习、向内归因，向着更加深远的教学意义、育人价值更进一步。

班级需民主，管理有程序

——统编版《道德与法治》小学五年级上册第二单元"我们是班级的主人"

陈梦菲　刘　飞　王明霞[*]

一、制订基于核心素养的单元目标

班级是学生感受和实践民主生活、培育民主素养的基本场域。民主生活需要规则来保障，班级管理也需要从遵守规则开始。本单元的设置以班级民主生活为主线，以班级建设为载体，着力于认识程序对保障班级管理的作用，形成民主意识和规则意识。为此，本单元的核心价值定位在"关注民主管理的程序，建立民主协商的意识"。那么学生怎样民主地参与班级生活呢？我们逆向推想，认为学生需要归纳出班委会选举的规范程序，民主协商解决班级事务的方式，明确规范的程序是公平公正的制度保障，认同民主、平等、规则对于班级生活的重要意义，形成民主程序的意识，能够运用民主程序的方式正确解决班级中的事务。

（一）提炼单元大观念

1.课程标准分析

总目标：学生能够具有基本的规则意识。学生能够关心集体、社会和国家，具有主人翁意识、责任感和集体主义精神，主动承担对家庭、学校和社会的责任。

第三学段目标：关心公益事业，学习民主管理的规则和程序。

第三学段内容要求：关心集体，在集体中承担相应的责任，具有集体意识

---

　*陈梦菲　刘飞，郑州高新区外国语小学教师；王明霞，郑州高新技术产业开发区尚文中学，中小学高级教师。

和团队精神。认识民主、自由、平等、公正对社会生活的意义，初步具备民主参与、责任担当意识。

第三学段学业质量标准：能够结合家庭、学校和社会生活，理性思考，平等待人，主动分担家务劳动，积极服务社会，做一名家庭好成员和社会好公民。

《义务教育道德与法治课程标准（2022 年版）》中对第一学段有关责任意识方面的要求："热爱学校和班集体，积极参与学校和班级活动，有集体荣誉感，能够关心和帮助他人。"第二学段有关责任意识方面的要求："热爱集体，积极参与集体活动和民主管理，有互助意识。"据此分析，第一、二学段在责任意识方面的要求主要是让学生初步具备参与集体活动和民主管理的意识，未涉及民主管理策略的学习。因此，本单元应以探究民主管理规则为核心价值，形成民主程序的意识，达到知行合一。

2. 教材分析

（1）相关教材内容梳理。

小学阶段相关内容有二年级上册第二单元"我们的班级"，引导学生深入理解班级的社会空间意义，从集体感到规则意识，再到集体责任；四年级上册第一单元"与班级共成长"，帮助学生树立对班级的正确认识，促进学生主人翁意识和公民意识的形成，使他们能积极主动地关心班级的事务，促进班级健康发展；低学段侧重适应班级生活，中学段侧重改善班级生活，而本单元侧重管理班级生活。在教材的编排上，我们会发现班级生活领域的螺旋式上升，且规则意识、平等意识、民主意识、责任意识是不同学段班级生活主题的共同价值追求。

本单元从"集体的事情集体决定"的角度展开，帮助学生认识到，不管是班级建设，还是事务都是大家的事情，需要人人积极参与，有问题要协商解决，解决问题要有程序意识。总体以班级民主生活为主线，涵盖《选举产生班委会》和《协商决定班级事务》两课内容。

《选举产生班委会》有三个话题，即"班委会的职责""班委选举有程序""班级建设人人有责"，旨在让学生结合班委会日常工作，明确班委会分工及各自职责，了解班级建设的程序和原则，体会民主、平等在班级生活中的意义，积极参与班级建设，能够承担集体责任。

《协商决定班级事务》有三个话题，即"班级事务共商定""决定班级事务有原则""共同的决定要落实"。"共商定""共同的决定"等重要字眼，意在引导学生正确看待集体与个人的关系，能够积极参与集体活动，承担集体职责，增强集体意识。让学生懂得，遵守规则是为了更好地保障每个成员的权利，对维护公共生活有序开展有重要意义，从而提升学生民主参与意识，增强规则意识。

（2）教材内容整合分析。

为指向学习的有效性，将本单元内容进行整合：

通过"班委会的职责""班委选举有程序"两个话题的连续学习，学生探究班委会的岗位，知晓班委会的职责，梳理班委选举的规则和程序，在体验民主平等的公共生活中，建立民主意识。

通过"班级事务共商定""决定班级事务有原则""共同的决定要落实"的连续学习，学生经历班级事务协商与决策的程序，认识程序对保障民主管理的作用，总结相应的原则，形成对共同决策的约束力。

将"班级建设人人有责"这一话题贯穿学生单元学习始终。从单元伊始的"班级问题我知道"大搜查活动，建立个人"班级管理方法簿"；到研学过程中不断探索实践，完善"方法簿"；再到单元总结时通过活动，展示交流"方法簿"，评选"最佳班级小主人"。在一系列探究活动的完成中，学生真正感受到每个人都是班级的建设者、参与者。

3. 学情分析

（1）年龄特点。

五年级是学生进入高年级学段的起始，已基本掌握处理个人与他人之间关系的正确方式，具备较为统一的行为准则。随着情感体验的进一步丰富，生理和心理发展相对稳定，独立意识增强，不再过分依赖教师和家长。他们更愿意与同学交流和分享内心世界，渴望得到家长和教师的平等对待，希望拥有完成任务的能力并被认可，期待有更多的机会承担责任。但是受认知局限，学生在承担任务的过程中，情绪复杂易变。因此，本单元的学习旨在丰富学生对参与班级事务与自身成长关系的认知，激发深入参与班级生活的热情，进一步提升集体生活的能力，实现全面发展。

（2）知识经验。

学生对班级集体生活从幼儿园的无意识参与，到一、二学段能够认知自我与集体的关系，再到三、四学段逐渐学会在班级中生活，有初步的民主管理和同伴互助意识。本单元的学习，侧重民主管理的规则和程序，进一步培养学生的团队责任与担当，在"爱班级—制订和遵守班规—为班级做贡献—参与学校生活—参与公共生活"的进阶学习中，发展参与能力。

4. 单元大观念。

结合课程标准、教材及学情分析，单元内容明确指向了学生规则意识、民主意识、责任意识的培养。通过"我们是班级的主人"的学习，能培养学生担当精神和参与能力，使人人参与班级管理，共同决定班级事务。

基于以上分析，确定本单元的大观念如下：班级需民主，管理有程序。

（二）建构单元知识结构

单元知识结构如图 1 所示。

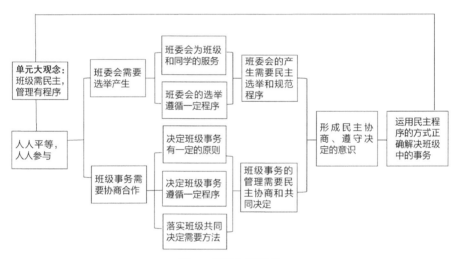

图 1　单元知识结构

（三）表述单元目标

（1）通过收集问题，能说出班委会的职责，简单列举协商班级事务的方式。

（2）通过分析问题，归纳班委会选举程序，总结协商班级事务的原则和程序，梳理共同决定的落实方法。

①通过交流问题，研讨班委会的选举，建立有关民主程序的一般认识。

②通过分析问题，总结协商班级事务的原则和程序，形成民主参与意识。

③通过剖析问题，梳理共同决定班级事务的落实方法。

（3）在具体的展示与评选情境中，运用民主程序的方式正确解决班级中的问题，形成民主协商、遵守决定的意识。

二、创设学习情境和评价任务

（一）学习情境

同学们，班级建设不仅需要班委会尽职尽责，也需要班级其他同学发挥主人翁精神。每个人都要积极参与班级事务，贡献智慧，发挥特长。这样，班级工作才能开展得有声有色。班委会在班级建设中发挥着什么作用？如何选举班委会？班级重大事务应该怎样决策？通过这一单元的学习，我们就会找到答案，建立起专属的"班级管理方法簿"。在参与班级管理的过程中，提升我们对自己和集体的责任感，增强担当意识和参与能力。学习结束后，我们将展示交流各自的"方法簿"，并评选出"最佳班级小主人"，快快行动起来吧！

（二）评价任务

评价任务如图 2 所示。

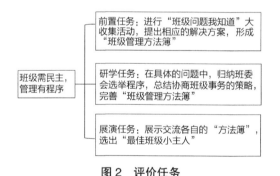

图2 评价任务

课时总体规划：前置任务课前完成，研学任务占 5 课时，展演任务占 1 课时，本单元共 6 课时。

三、设计学习活动方案

（一）前置任务

班级好比是一台机器，每个人好比是机器上的螺丝钉，对于班级，我们每个人都有着自己不同的贡献。你对班委会的工作了解多少？你是否参与过班级事务？现在我们要举行"最佳班级小主人"评选活动，要想成为一名最佳班级小主人，需要大家发现问题，提出解决办法，形成"班级管理方法簿"，切实参与到班级管理中，一展你对班集体的热爱吧！

（二）研学任务

引导学生了解、归纳班级管理方法，制订"班级管理方法簿"。如表1所示。

表1　班级管理方法簿

基本问题：如何参与班级管理？			
单元目标	课时目标	学习问题	学习活动
（1）通过收集问题，能说出班委会的职责，简单列举协商班级事务的方式。（2）通过分析问题，归纳班委会选举程序，总结协商班级事务的原则和程序，梳理共同决定的落实方法。（3）在具体的展示与评选情境中，运用民主程序的方式正确解决班级中的问题，形成民主协商、遵守决定的意识	第1课时：通过交流问题，研讨班委会的选举，建立有关民主程序的一般认识	在制作"班级管理方法簿"的过程中，你有什么发现？	任务1：交流"班级管理方法簿"，初步提炼单元大观念。同学们在班级问题大收集的过程中，依据自己的发现建立起了"班级管理方法簿"，请同学们小组合作：（1）交流"班级管理方法簿"，围绕自己的方法展开讨论，同时提出自己的问题或困惑。（2）带着问题或困惑，整体阅读单元内容，初步提出有关民主程序的一般认识
		班委会的选举程序是什么？	任务2：学习班委会相关知识，总结选举程序。五（1）班的同学在调查中发现，不同学校、不同班级的班委会产生方式并不一样。请你参与他们的调查吧！小组合作探究：（1）研讨班委会的选举，说一说选举程序有哪些？（2）围绕所学知识，设计一份班委会竞选活动方案
	第2课时：通过收集问题，能说出班委会的职责，简单列举协商班级事务的方式	班委会的职责是什么？怎么协商班级事务？	任务3：通过交流案例，简要说出班委会工作、班级事务的协商与班级发展之间的关系。同学们，在近期组织的"我想解决的班级问题"调查中，大家一定发现了班级管理中的不少问题？请同学们完成以下学习任务。小组合作探究：（1）交流案例，说一说你都发现了哪些主要问题？（2）针对这些问题，想一想你会给出怎样的建议？（3）围绕班委会、班级事务方面的问题，说一说班委会的职责是什么，协商班级事务的方式有哪些

单元目标	课时目标	学习问题	学习活动
（1）通过收集问题，能说出班委会的职责，简单列举协商班级事务的方式。（2）通过分析问题，归纳班委会选举程序，总结协商班级事务的原则和程序，梳理共同决定的落实方法。（3）在具体的展示与评选情境中，运用民主程序的方式正确解决班级中的问题，形成民主协商、遵守决定的意识	第3课时：通过分析问题，总结协商班级事务的原则和程序，形成民主参与意识	民主协商的原则和程序是什么？	**任务4：总结协商班级事务的原则和程序，形成民主参与意识。** 在生活领域，协商是处理人与人关系的润滑剂。在政治领域，协商则是一种重要的民主形式。从日常的管理、决策到全国的两会，这一民主形式运用普遍。请同学们完成以下学习任务。 小组合作探究：（1）分析案例中有关班级事务的问题，交流看法。（2）阅读"班级事务共商定""决定班级事务有原则""共同的决定要落实"，总结协商班级事务的原则和程序。（3）根据所学知识，解析《协商决定班级事务》活动园中的案例
	第4课时：通过剖析问题，梳理共同决定班级事务的落实方法	共同的决定怎样落实？	**任务5：解析问题，梳理共同决定班级事务的落实方法。** 五（1）班全体同学一致通过"开展长跑月活动"的决定。在这项决定执行过程中，一些同学有了自己的想法。请小组合作探究：（1）交流看法：你怎样评价这些同学的想法？他们的行为对班级共同决定的落实有什么影响？（2）阅读"共同的决定要落实"相关内容，梳理共同决定班级事务的落实方法。（3）运用梳理出的方法，解决案例中的实际问题
	第5课时：（1）通过已掌握的知识，进一步建立有关民主程序的认识。（2）运用民主程序的方式，正确解析班级中的问题	民主程序的方式有哪些？	**任务6：运用班级民主管理的知识，完善"班级管理方法簿"，进一步提炼单元大观念。** 本单元所学的民主管理知识一定给你带来不少启发，快用这些知识完善一下你的"班级管理方法簿"吧。（1）依据民主管理知识多角度完善问题解决策略。（2）将课内外所涉及的案例，分类补充到"班级管理方法簿"中
			任务7：运用民主程序的方式解析问题。 在班级建设中，遵守规则是保证公平的前提，从协商到通过多种途径解决问题，我们变得越来越理性。现在，请你用民主程序的方式正确解析大屏幕上的案例吧

（三）展演任务

"班级管理方法簿"的展示与评选：在本单元的学习中，同学们主动收集班级生活中的问题，探究民主管理的程序，用一个个案例，一篇篇故事，一条条对策……创作出了自己专属的"班级管理方法簿"，期待每位同学都能在展演评选活动中一展风采，荣获"最佳班级小主人"称号！

四、研制评价量表

根据单元学习目标，本单元共有三组相应的评价量表。评价量表依据评价标准设定为 A、B、C 三个等级。前置任务及研学任务的评价，由学生依据评价标准自评、互评。展演任务的评价，由学生自组评委会，依据评价标准进行评价。

（一）前置任务评价量表

"班级管理方法簿"评价量表如表 2 所示。

表 2　"班级管理方法簿"评价量表

维度	评价等级标准		
	A	B	C
问题描述	能清楚记录至少 3 条班级生活中存在的问题	能清楚记录至少 2 条班级生活中存在的问题	能清楚记录至少 1 条班级生活中存在的问题
解决办法	能针对每个问题，列举出至少 3 条解决办法	能针对每个问题，列举出至少 2 条解决办法	能针对每个问题，列举出至少 1 条解决办法
呈现方式	能图文结合，清晰展现班级问题及解决办法。布局合理，美观大方	能图文结合，较清晰地展现班级问题及解决办法	仅能展现班级问题及解决办法

（二）研学任务评价量表

"研学任务"评价量表如表3所示。

表3 "研学任务"评价量表

维度	评价等级标准		
	A	B	C
选举班委会	（1）能清晰明确地说出至少5个班级岗位及其职责。 （2）能清晰完整说出班委会民主选举的程序	（1）能清晰明确地说出至少4个班级岗位及其职责。 （2）能简单说出班委会民主选举的程序	（1）能清晰明确地说出至少3个班级岗位及其职责。 （2）能大致说出班委会民主选举的程序
协商班级事务	（1）能清晰完整地说出协商班级事务的程序。 （2）能说出3条协商班级事务的原则。 （3）能说出3条落实班级决定的方法	（1）能完整说出协商班级事务的程序。 （2）能说出2条协商班级事务的原则。 （3）能说出2条落实班级决定的方法	（1）能大致说出协商班级事务的程序。 （2）能说出1条协商班级事务的原则。 （3）能说出1条落实班级决定的方法

"课堂表现"评价量表如表4所示。

表4 "课堂表现"评价量表

维度	评价等级标准		
	A	B	C
自主探究	态度专注，不需要他人帮助就能自主收集，并正确全面地分析问题	态度较为专注，有20%需要借助他人帮助，才能收集并正确分析问题	态度一般，有40%需要借助他人帮助，才能收集并正确分析问题
合作交流	（1）能够认真听取他人的解决策略，完善自己的"方法簿"。 （2）按照小组分工，积极、有秩序地参与	（1）能够认真听取他人的解决策略，补充自己的"方法簿"。 （2）按照小组分工有秩序地参与	能够听取他人的解决策略，借鉴他人的观点，补充自己的"方法簿"
展示分享	（1）能够积极完整地分享"方法簿"，利用相关知识发表自己的独特观点。 （2）仪态自信、语言流畅、思路清晰、中心突出。 （3）他人分享后能够主动质疑或补充	（1）能够完整地分享"方法簿"，利用相关知识发表自己的正确观点。 （2）仪态大方、语言流畅、思路明确。 （3）他人分享后能够适当补充	（1）能够分享"方法簿"，利用相关知识发表自己的观点。 （2）仪态大方、语言流畅。 （3）他人分享后能够适当借鉴

（三）展演任务评价量表

"最佳班级小主人"评选活动评价量表如表5所示。

表5　"最佳班级小主人"评选活动评价量表

维度	评价等级标准		
	A	B	C
解决策略	能针对收集到的班级管理问题，列举出至少3条解决办法	能针对收集到的班级管理问题，列举出至少2条解决办法	能针对收集到的班级管理问题，列举出至少1条解决办法
解决程序	问题的解决能严格遵循民主协商的程序	问题的解决能大致遵循民主协商的程序	问题的解决不能遵循民主协商的程序
解决原则	问题的解决能坚持公平公正、公开透明、协商合作的原则	问题的解决能坚持公平公正、协商合作的原则	问题的解决能坚持协商合作的原则
表现力	声音洪亮，语言流畅，仪表大方	声音较洪亮，语言较流畅，有一两处停顿的地方	声音低沉，说话断断续续，羞于表达

五、教学设计反思

本单元教学设计与传统的教学设计相比，打破了常规学习的壁垒，从单元整合着手，着眼于整个单元的知识建构，以"班级需民主，管理有程序"这一大观念统领整个单元的学习，关注民主管理的程序，形成民主协商的意识，使学习者思路更清晰，学习目标更明确。鉴于道德与法治学科实践性特点，以及"以社会发展和学生生活为基础"的课程理念，在进行本单元的教学设计时，不再仅是课本案例的分析，而是以学生的班级生活为研讨素材，与生活经验建立关联，增强学习内容的现实性。在单元学习伊始，学生通过发现班级中实际存在的问题，到探究正确的解决方式，再到用习得的策略解决班级实际问题，任务驱动式的学习方式，凸显了学生的主体地位，内化了学科本质思想，指向核心素养的发展。

单元教学设计的核心是提炼单元大观念，梳理单元知识结构，将学习应用于生活，将一个单元放置在整体的学科体系之中，将评价与学习任务始终联系在一起。通过对本单元的设计与实践，我们对新课标有了更加全面系统的认识，对教与学的提质增效有了更严整、明晰的路径。"路漫漫其修远兮，吾将上下而求索。"

美好的公共生活需要人人参与和奉献

——统编版《道德与法治》小学五年级下册第二单元"公共生活靠大家"

刘　飞　陈梦菲　王明霞*

一、制订基于核心素养的单元目标

当代社会的发展丰富了人们公共生活的内容和方式,要想获得美好的公共生活,需要大家群策群力,共同遵守、建设和谐的公共秩序。本单元的核心价值是,形成人人在主动参与和奉献中构建美好公共生活的意识。据此逆向推导,学生个人行为与公共生活建立起密不可分的关系是关键,从身边典型实例分析、展示与交流,内化为思想和行动的具体路径,其中个人自觉遵守公共秩序、主动维护公共利益、积极参与公共生活,丰富理念认知是基础。由此确立单元大观念,梳理课程结构,形成指向素养发展的目标体系。

(一)提炼单元大观念

1.课程标准分析

第三学段目标:关心公益事业,参加力所能及的社会公益和志愿者活动,有团队意识,能够与他人合作互助。

第三学段内容要求:了解和感受社会生活,主动参与力所能及的服务性劳动,做一个热爱生活、乐于奉献的人,积极服务社会,增强社会责任感。助人为乐,爱护公物,遵守社会交往、公共场所中的文明规范。

第三学段学业质量标准:能够践行社会主义核心价值观,维护公共秩序与

---

*刘飞　陈梦菲,郑州高新区外国语小学教师;王明霞,郑州高新技术产业开发区尚文中学,中小学高级教师。

社会安全，遵守法律规定。

对《义务教育道德与法治课程标准（2022 年版）》中关于"公共生活"领域进行综合分析，从内容深度、广度，以及学生要达到的程度，均有明确的进阶要求，并体现由认识到与个人建立关联、深化内涵的渐进过程。具体分析如下：

社会公益方面，第一学段重点是爱护学校和公共环境卫生，爱护公物，遵守公共秩序；第二学段为体验公共设施给个人带来的便利，爱护公共设施，遵守公共秩序。

核心价值观的形成，第一学段侧重"知道"，第二学段则是"初步理解要求并践行"。

友善与文明有礼方面，第一学段为基本认识，第二学段就要掌握基本交往礼仪，懂得个人成长离不开社会和他人。

2. 教材分析

（1）相关教材内容梳理。

本单元为公共生活领域，主题为"公共生活靠大家"，包含三课内容《我们的公共生活》《建立良好的公共秩序》和《我参与我奉献》。

《我们的公共生活》包含两个方面：认识公共生活、维护公共利益。主要是引导学生通过身边问题进行分析，感受公共生活与自身的关系，归纳公共生活的特点，明白个人在公共生活中正确的言行举止，了解公共设施和资源的保障作用，明确人们在公共生活中享有的权利和义务，形成公共意识。

《建立良好的公共秩序》包含两个方面：公共生活需要秩序、共同建设有序生活。主要是引导学生通过对身边问题分析，总结良好的公共秩序与公共生活的密切联系，促使学生形成积极参与构建和谐社会的秩序意识，养成良好的文明习惯，形成用合理合法的方式解决生活问题的意识。

《我参与我奉献》包含四个方面：友善相待、文明有礼、服务社区、参与公益。主要是引导学生通过对身边问题分析，落实志愿行动，在主动参与、互帮互助、无私奉献中承担社区事务，明确参与公益活动的意义，体会个人的社会价值，进一步形成个人行为与公共生活密切相连的深刻认识。

小学教材中关于公共生活领域，二年级上册第三单元是"我们在公共场所"，包含公共财物、公共卫生、公共秩序和公共文明修养四个话题，旨在帮助学生养成公共场所需要的文明行为习惯，形成爱护公物的意识；三年级下册第三单元

"文明的公共生活"，包含大家的"朋友"、生活离不开规则和爱心的传递者三个话题，侧重引导学生明确要遵守的公共规则，爱护公共设施，学会关爱他人。不同学段侧重点不同，但都呈现出道德意识、法治观念、思想与行为的进阶。

（2）教材内容整合分析。

基于对"人人在主动参与和奉献中构建美好公共生活"的价值追求，聚焦"个人行为与公共生活"的核心关系，本单元整合安排如下：

第1课时，将"认识公共生活""公共生活需要秩序"融合为1课时，针对现实问题实例进行情境演练，明确公共生活的特点及其与公共秩序的关系。

第2课时，以问题实例的分析为切入点，梳理个人行为好坏与公共生活的关系。

第3课时，将"维护公共利益"和"共同建设有序生活"融合为1课时，从公共设施、公共资源的角度引导学生认识公共利益，明确维护公共利益需要共同遵守社会公德和法律法规。

第4课时，将"友善相待""文明有礼""服务社区"和"参与公益"融合为1课时，结合实例探究参与社会生活的具体做法。重点研讨个人文明意识和服务公共生活意识，总结积极参与公益事业的方式，落实传递爱心、弘扬中华民族传统美德的行为。

第5课时，通过总结梳理学习收获，完善"志愿者行动方案"，提高对"美好的公共生活需要人人参与和奉献"的进一步认识。

第6课时，通过展示"志愿者行动方案"，评选"最佳志愿者"，学生经历综合性学习，运用相关知识正确分析生活中的问题，付诸实际行动。

3.学情分析

（1）年龄特点。

学生进入小学高年级学段，心理表现由幼稚逐步趋向自觉，已具备一定的道德观念和评价外界事物的标准，开始有兴趣关注他人的做法和公共生活中的一些现象，喜欢用已有的道德标准做出评价。但是，因认知经验和社会生活经历的缺乏，道德标准还较为片面，法律意识较为淡薄，自我约束能力较为欠缺，自我与集体、社会的关系还不够明确，自我中心意识比较强。

（2）知识经验。

学生在二年级和三年级学习过相关领域的内容，对公共生活、公共空间有一定的了解，懂得了基本的文明礼仪，知道要爱护公共设施，有意愿帮助他人，在学校集体中有较多参与公益活动的机会，有一定的合作意识。可是，学生在以往的经历中，对社会公益活动的参与度并不高，对公共生活的概念、特征与范畴很少涉及，尤其是对个人与公共生活的关系还没有形成全面的认识，不能将个人行为的好坏与对他人、社会带来的影响建立紧密的关联。为此，个人行为与公共生活的关系，公共秩序与公共生活的关系在本学段显得尤为重要。

4. 单元大观念

根据课程标准、教材与学情分析，本单元内容包括认识公共生活的特点，探讨个人行为与公共生活的关系，建立公共秩序与公共生活的联系，形成人人在主动参与和奉献中构建美好公共生活的意识，运用相关的知识和方法正确分析生活中的实例，落实具体行动。

本单元大观念确定为：美好的公共生活需要人人参与和奉献。

（二）建构单元课程结构

单元课程结构如图 1 所示。

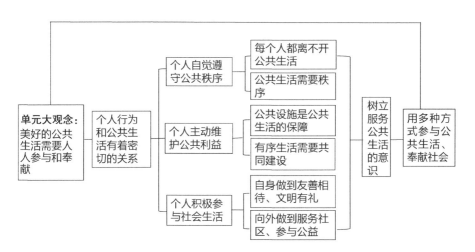

图 1　单元课程结构

（三）表述单元目标

（1）通过对身边多种生活实例的情境演练，说出公共生活的特点，归纳公共生活与公共秩序的关系。

（2）通过分析实例，总结构建和谐公共生活、维护公共秩序的重要性，以及具体的方式方法。

①通过研讨问题，建立个人行为与公共生活关系的一般认识。

②通过分析问题，梳理维护公共设施的方法，树立规则意识，法治观念。

③通过分析实例，列举友善待人的具体做法，归纳文明有礼的行为，总结个人能够参与服务社区和公益活动的方式。

（3）在具体的比赛情境中，展示适切的行动方案，树立服务公共生活的意识，以实际行动参与到奉献社会的志愿活动中。

二、创设学习情境和评价任务

（一）学习情境

同学们，今年的"雷锋日"我们学校涌现出许多好人好事，这些都是志愿行动，为他人和社会做一些公益活动，的确是很有意义的！现在，我们五年级的"最佳志愿者"评选活动就要开始啦！请大家留心观察生活，想一想：作为一名小学生，我们会涉及哪些公共生活？又会遇到哪些破坏公共生活的不良行为呢？我们每个人应该怎样做，才会让我们的公共生活更美好呢？让我们做一名"小小志愿者"，为构建美好的公共生活出谋划策，付诸行动。请大家查找身边公共生活中的问题实例并加以分析，在本单元的学习中不断寻找答案、完善方案，形成服务公共生活的意识，投身有意义的志愿者行动。学习结束后，我们将发起"最佳志愿者"评选活动，届时将展示你的"志愿行动方案"，还要跟踪你的实际志愿行动哦！

（二）评价任务

课时总体规划：前置任务课前完成，研学任务占 5 课时，展演任务占 1 课时，本单元共占 6 课时。评价任务如图 2 所示。

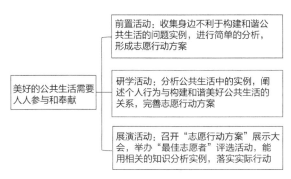

图 2 评价任务

三、设计学习活动方案

（一）前置任务

同学们，今年的"雷锋日"你们都做了哪些"好事"呢？这些"好事"就是我们对公共生活的贡献呀！建设和谐公共生活需要人人参与和奉献，你对公共生活和公共秩序的了解有多少呢？你觉得公共生活与个人行为有什么关系呢？你是否参加过志愿活动？怎样成为一名优秀的志愿者呢？请你列举公共生活中的问题实例，提出解决的办法与行动策略，形成"志愿行动方案"，赶快参与进来吧！

（二）研学任务

引导学生了解公共生活与公共秩序的关系，梳理维护公共设施的方法，列举友善待人的做法，总结参与服务社区和公益活动的方法，制订和改善"志愿行动方案"，如表 1 所示。

表 1　志愿行动方案

基本问题：怎样才能使公共生活更美好？

单元目标	课时目标	学习问题	学习活动
（1）通过对身边多种生活实例的情境演练，说出公共生活的特点，归纳公共生活与公共秩序的关系。（2）通过分析实例，总结构建和谐公共生活、维护公共秩序的重要性，以及具体的方式方法。（3）在具体的比赛情境中，展示适切的行动方案，树立服务公共生活的意识，以实际行动参与到奉献社会的志愿活动中	第1课时：通过对身边多种生活实例的情境演练，说出公共生活的特点，归纳公共生活与公共秩序的关系	什么是公共生活？公共生活与公共秩序有什么关系？	**任务1：创设生活情境，针对前置任务中收集的问题实例进行小组演练，说说公共生活的特点及其与公共秩序的关系。** 同学们，我们去电影院看电影、去博物馆参观，去的这些场所都是公共空间，人们在公共空间中的生活，构成了我们的公共生活。你对公共生活有哪些认识？请结合收集的问题实例进行小组演练，一边演练一边思考。 小组合作探究： （1）结合实例，说说公共生活的特点。 （2）结合实例，讨论公共生活与公共秩序的关系。 共学梳理： 初读教材，归纳公共生活与公共秩序的关系，完成"认识公共生活"和"公共生活需要秩序"话题中"活动园"的内容
	第2课时：通过研讨问题，建立个人行为与公共生活关系的一般认识	个人行为与公共生活有什么关系？	**任务2：通过对问题实例的研讨，说出个人行为好坏与公共生活的关系。** 同学们，我们收集了身边不利于构建和谐公共生活的问题实例，你有什么感受？如果是你，你会怎么做？快来和小组同学交流一下吧！ 小组合作探究： （1）罗列出自己发现的问题实例，以及这些问题对公共生活带来的不良影响。 （2）针对自己认为最突出的一个问题，给同伴讲一讲正确的做法。 共学梳理： （1）带着问题阅读本单元的全部内容，小组内相互交流个人行为与构建和谐美好公共生活的关系。 （2）完善志愿行动方案

单元目标	课时目标	学习问题	学习活动
（1）通过对身边多种生活实例的情境演练，说出公共生活的特点，归纳公共生活与公共秩序的关系。 （2）通过分析实例，总结构建和谐公共生活、维护公共秩序的重要性，以及具体的方式方法。 （3）在具体的比赛情境中，展示适切的行动方案，树立服务公共生活的意识，以实际行动参与到奉献社会的志愿活动中	第3课时： 通过分析问题，梳理维护公共设施的方法，树立规则意识，法治观念	（1）维护公共设施的方法有哪些？ （2）怎样建设有序生活？ （3）法律能为有序生活提供哪些保障？	**任务3：通过分析问题，梳理维护公共设施的方法，归纳建设有序生活的方式及其重要性。** 同学们，我们常到公园玩，那里的公共设施给我们增添了许多乐趣。可是，我们发现身边存在一些问题，下面就一起来分析，形成针对问题的解决策略吧！ 小组合作探究： （1）集体分析问题实例，总结维护公共设施的方法。 （2）小组进一步讨论，归纳建设有序生活的个人做法。 （3）阅读"维护公共利益""共同建设有序生活"两个话题，交流个人享受公共利益承担的义务，需要遵守的社会公德和法律法规。 共学梳理： （1）归纳个人维护公共利益的方式方法，解决"维护公共利益""共建有序生活"活动园中的问题。 （2）完善志愿行动方案
	第4课时： 通过分析实例，列举友善待人的具体做法，归纳文明有礼的行为，总结个人能够参与服务社区和公益活动的方式	（1）作为一名少先队员，如何做到友善相待、文明有礼？ （2）参与服务社区和公益活动的方式有哪些？	**任务4：通过分析实例，从自身做起，列举出友善待人的有效做法和文明有礼的正确行为。** 同学们，作为优秀的少先队员，我们要积极参与社会生活，我们要从自身做起，做到友善待人、文明有礼，让社会因我们的参与而更加和谐美好。 小组合作探究： （1）请结合实例与同桌讨论，做出判断、说出观点，归纳出友善待人的具体做法。 （2）请结合实例自主探究，列举出文明有礼的行为，同桌两人交流完善。 **任务5：通过小组合作分析实例，分析社区成员相互帮助、共建美好家园和参与公益活动的方式。** 同学们，中华民族历来就有扶危济困、乐善好施的传统美德。公益事业是凝聚人心、增强正能量的事业。只要人人都献出一点爱，世界将变成美好的人间。 小组合作探究： 请大家阅读课本相关内容，小组交流并总结参与服务社区、公益活动的方式。 共学梳理： （1）完成"友善相待""文明有礼""服务社区""参与公益"四个话题的活动园。 （2）完善志愿行动方案
	第5课时： 通过单元内容整体梳理，进一步建立个人行为与公共生活关系的认识	个人行为与公共生活有什么关系？	**任务6：梳理本单元知识体系，进一步认识"个人行为与公共生活的关系"，全面完善个人志愿行动方案。** 同学们，通过本单元的学习，相信你们一定有很多收获！ 共学梳理： （1）请结合"个人行为与公共生活的关系"这一主题，用思维导图的方式梳理本单元的知识体系。 （2）交流收获，完善志愿行动方案

（三）展演任务

1."志愿行动方案"展示活动

同学们，你们的收获可真不少，道德与法治的学习就是要做到知行合一，如何将我们的认识转化为实际行动，让我们的点滴行动为社会和谐美好带来一些变化呢？大家都已经制订了自己的志愿行动方案，下面就来展示一下吧！先小组内交流展示，评选小组优秀方案。由小组推选代表在全班展示，相互交流学习，依据相应评价量表评选优秀方案。

2."最佳志愿者"评选活动

同学们，只要人人都行动起来，我们的生活就会更加美好！光学不练功难精，接下来，就要看大家的实际行动喽！以小组为单位选派代表在全班展示自己参与志愿行动的实际做法，可以用真实的短视频、照片或志愿收获的习作等。全班评选"最佳志愿者"。

四、研制评价量表

根据单元学习目标，本单元共有三组评价任务。第一组评价任务对照前置任务，学生能够收集身边的实例，结合已有经验进行简单分析。第二组评价任务对照研学任务，在学习过程中进行，学习与评价一致。第三组评价任务对照展演活动，主要是展示、交流完善后的志愿行动方案，结合"最佳志愿者"评选，针对学生学习完本单元之后的计划与行动进行展示评价。

每个评价量表均从不同维度设计了 A、B、C 三个等级，各等级标准明确。前置任务与研学任务的评价由学生依据评价标准进行自评、互评。展示任务由学生、小组、教师依据评价标准共同评价。

（一）前置任务评价量表

"志愿行动方案"评价量表如表 2 所示。

表2　"志愿行动方案"评价量表

维度	评价等级标准		
	A	B	C
问题实例	能写出至少3个身边不利于和谐公共生活的问题实例	能写出至少2个身边不利于和谐公共生活的问题实例	能写出至少1个身边不利于和谐公共生活的问题实例
行动策略	针对每个问题，能列举出至少3条解决办法	针对每个问题，能列举出至少2条解决办法	针对每个问题，能列举出至少1条解决办法

（二）研学任务评价量表

"研学任务"评价量表如表3所示。

表3　"研学任务"评价量表

维度	评价等级标准		
	A	B	C
公共生活与公共秩序的关系	能准确说出至少5个在公共生活中与自身相关的权利、义务	能准确说出至少3个在公共生活中与自身相关的权利、义务	能准确说出至少2个在公共生活中与自身相关的权利、义务
维护公共设施的方法	能准确说出至少5条维护公共设施的具体做法	能准确说出至少3条维护公共设施的具体做法	能准确说出至少2条维护公共设施的具体做法
友善相待和文明有礼的做法	（1）对违反法律的事件，能依据情境描述，做出准确判断，并明确说出相对应的法律依据。（2）能列举至少5条友善相待、文明有礼的做法	（1）对违反法律的事件，能依据情境描述，做出准确判断，能简单说出相对应的法律依据。（2）能列举至少3条友善相待、文明有礼的做法	（1）对违反法律的事件，能依据情境描述，做出准确判断，但无法说出相对应的法律依据。（2）能列举至少2条友善相待、文明有礼的做法
参与社区、公益活动的做法	能说出至少5项积极参与社区、公益活动的具体做法	能说出至少3项积极参与社区、公益活动的具体做法	能说出至少2项参与社区、公益活动的具体做法

"课堂表现"评价量表如表4所示。

表4 "课堂表现"评价量表

维度	评价等级标准		
	A	B	C
自主探究	态度专注，不需要他人帮助，能自主收集并正确全面地分析实例	态度较为专注，有20%需要借助他人帮助，才能收集并正确分析实例	态度一般，有40%需要借助他人帮助，才能收集并正确分析实例
合作交流	（1）能够认真听取他人对实例的分析，完善自己的志愿行动方案。（2）按照小组分工，积极、有序地参与	（1）能够认真听取他人对实例的分析，补充自己的志愿行动方案。（2）按照小组分工，有序地参与	能够听取他人对实例的分析，借鉴他人的观点，补充自己的志愿行动方案
展示分享	（1）仪态自信，语言流畅。（2）思路清晰，观点独特。（3）他人分享后能够主动质疑或补充	（1）仪态比较大方，语言准确。（2）思路比较清晰，观点较为明确。（3）他人分享后能够适当补充	（1）仪态有些扭捏，语言有一两处停顿或错句。（2）思路较为模糊。（3）他人分享后能够适当借鉴

（三）展演任务评价量表

"志愿行动方案"展示评价量表如表5所示。

表5 "志愿行动方案"展示评价量表

维度	评价等级标准		
	A	B	C
主题与目标	主题明确，目标清晰	主题较为明确，目标不够清晰	主题和目标均模糊
人数与时长	计划参加人数合理，分工明确；志愿时间至少为4个小时	计划参加人数比较合理，未体现分工；志愿时间至少为3个小时	计划参加人数和分工均未体现；志愿时间至少为1个小时
实例分析与行动计划	（1）能列举出至少3个实例，清晰描述实例中的人物、地点、起因、经过、结果。（2）能结合实例查阅资料，每个实例至少制订出3条切实可行的行动策略和具体的实施路径。（3）与个人学习和生活联系紧密	（1）能列举出至少2个实例，简单描述实例中的人物、地点、起因、经过、结果。（2）能结合实例查阅资料，每个实例至少制订出2条行动策略和实施路径。（3）与个人学习和生活有一定联系	（1）能列举出至少1个实例，描述实例不够完整。（2）每个实例至少制订出1条行动策略和实施路径。（3）与个人学习和生活关联度较小
呈现方式	能准确清晰显示公共生活中的问题及解决办法。形式丰富，布局合理	能清晰展现公共生活中的问题及解决办法。形式单一，布局较合理	能显示公共生活中的问题及解决办法，思路较为模糊

"最佳志愿者"评比活动 评价量表如表6所示。

表6 "最佳志愿者"评比活动评价量表

维度	评价等级标准		
	A	B	C
实际行动	（1）行动真实正确，方法得当。 （2）视频或图文资料清晰美观。 （3）有创意，值得他人学习借鉴	（1）行动真实，方法正确。 （2）视频或图文资料清晰。 （3）创意一般，值得他人学习	（1）行动真实，方法欠佳。 （2）视频或图文资料清晰

五、教学设计反思

单元教学设计从单元整合入手，着眼于整个单元的知识建构，通过课前调查和课上反馈，充分利用教材、生活资源、时政新闻和网络视频资源，师生反复探究、实践，提炼出"美好的公共生活需要人人参与和奉献"这一大观念，以此统领本单元的深度学习。从少先队员的责任与使命出发，主体情感真切投入，以身边实例收集、解决策略探寻到不断完善志愿行动方案，为落实培育公民公共意识、奉献精神，促进社会和谐发展提供有力支撑。道德与法治学科的学习，尤为重要的是真实体验，为此，在设计中我们采用真实情境创设、任务驱动，将学生生活中的实例与教材中的案例紧密结合起来，将实例研讨、剖析与思想升华、行为深化结合起来，极大地调动了学生的学习兴趣与学习期待，增强了责任意识，发展了核心素养。

随着新课标的推进实施，单元教学将会在一定时期成为我们改革提升教学有效性的载体，对教师素养的要求也会逐步加强。本单元的教学设计还有很多值得完善的问题，志愿行动方案从前置任务的初步制订，到研学任务的不断完善，再到展演任务的交流评价，的确实现了大任务驱动下知识结构的建立，但是对于教材的融合，以及在对待学生自主学习能力差异性问题方面，在实施中还有很大的改进空间。每个关键的学习任务均配套评价量表，这的确能够落实学习有效性，促使师生在过程中把握学情、调整教学，但是评价量表中维度的确定、标准层级的划分与表述，其严谨性、科学性都有待考量。要实现真正意义的单元教学，我们还有一段路要走。

法律是幸福生活的保障

——统编版《道德与法治》小学六年级上册第一单元"我们的守护者"

吴娇阳　李　昕　王明霞[*]

一、制订基于核心素养的单元目标

我国已有五千多年的人类文明发展史，自三皇五帝开基创业起，随着人类交往活动日益频繁，法律也应运而生。不管哪个时代的法律，它都起源于人们的生活习惯，渊源于人们的基本情理，可见法律与人们的生活是多么的息息相关！本单元的核心价值就是探究法律与个人生活的关系，明确法律怎样保障生活。我们逆向推想，认为学生需要先认识法律，再结合具体实例总结出法律的作用，才能形成遵纪守法的意识，树立遇事找法、解决问题靠法的观念。

（一）提炼单元大观念

1.课程标准分析

第三学段目标：知道宪法，感受宪法对社会和生活的重要性，形成初步的法治意识。

第三学段内容要求：初步认识法律的概念及特征，感受法律对个人生活和公共生活的重要性，养成自觉守法、遇事找法、解决问题靠法的思维习惯和行为方式。初步了解宪法的主要内容，知道宪法是国家根本法。

第三学段学业质量标准：能够结合个人与社会生活中的实例理解法律的重要性，知道宪法是根本法。

---

　　*吴娇阳　李昕，郑州中学第二附属小学教师；王明霞，郑州高新技术产业开发区尚文中学，中小学高级教师。

《义务教育道德与法治课程标准（2022年版）》中对第一学段有关法律方面的要求："遵守学校纪律，维护课堂秩序；了解生活中的规则，知道在生活中人人都应遵守规则，具有初步的规则意识。"第二学段中有关法律方面的要求："具有规则意识并学会遵守规则；了解社会交往的基本规则，树立平等意识，互相尊重；知道法律能够保护自己的生活。"据此分析，第一、二学段在法律方面的要求主要是让学生认识身边生活中涉及的法律和遵守的规则，没有形成法律的概念，建立法律与生活之间的联系，没有涉及宪法的地位、法律的作用和现实意义。因此，本单元应以探究法律与生活的关系为核心价值，关注宪法地位、法律作用，形成遵纪守法的意识，达到知行合一。

2. 教材分析

（1）相关教材内容梳理。

本册教材为"法治专册"，本单元是本册教材的起始，单元主题为"我们的守护者"，包含两课内容《感受生活中的法律》与《宪法作用大》，属于"生活与法"学习领域。

《感受生活中的法律》包含三个方面内容：法律是什么、生活与法律、法律作用大。主要是引导学生通过观察日常生活，感受到法律时刻围绕在我们的生活中，帮助学生初步了解法律的概念，认识与生活联系紧密的几种法律类型，知道法律可以保障正常的社会生活、维护公平正义。

《宪法是根本法》包含三个方面内容：感受宪法日、宪法具有最高法律效力、树立宪法权威。主要是让学生明白宪法日活动的重要意义，树立学习宪法的意识，鼓励学生阅读宪法、了解宪法。这一课在于初步培养学生的宪法意识，了解宪法是制定其他法律的依据、具有最高的法律效力，引导学生运用知识简单地分析生活中与宪法有关的现象。

关于"法律与生活"，纵观基础教育阶段，第一、二学段仅涉及一些法律条文，内容一般在"活动园""相关链接"中出现，更多是道德意义上的法治。本学段通过一学期的法治教育，帮助学生初步树立法治观念，养成自觉守法、遇事找法、解决问题依靠法律的思维方式和行为习惯，引导学生走向法治的生活。第四学段涉及的法治内容相对增加，主要体现在七年级下册"走进法治天地"、八年级下册"坚持宪法至上"，这些将引领学生深入学习法律的特征和内涵。因此，本单元起着承上启下的作用。

（2）教材内容整合分析。

基于对"法律与生活的关系"核心价值的追求，本单元整合安排如下：

第1课时，结合生活中的法律案例，引导学生提出单元大观念。

第2课时，将"法律是什么""感受宪法日"两个话题整合为1课时，让学生对概念性的知识整体建构，更有利于理解法律和宪法之间的联系与区别。

第3、4课时，将"生活与法律""法律作用大""宪法具有最高的法律效力""树立宪法权威"融合为2课时，能够让学生更加明确法律与生活的关系，总结出法律的作用，树立宪法是根本法的观念。

第5课时，通过交流、完善法律案例调查报告，确立"法律是幸福生活的保障"的进一步认识。

第6课时，通过交流，让学生练习运用法律知识分析生活中的问题。

第7课时，通过展示、评选最优法律案例调查报告，评选"最佳小法官"，让学生主动运用法律分析生活中的问题。

3. 学情分析

（1）年龄特点。

六年级学生刚进入青春期或即将进入青春期，思想不成熟，做事容易冲动，该年龄段学生树立法治意识，形成遵纪守法、依法办事的习惯非常重要。

（2）知识经验。

六年级学生已经形成基本的规则意识，但是对法律功能和作用的认知比较狭窄，生活经验比较缺乏，对法律的认识仅停留在"做了错事会被警察抓住进而受到惩罚"。本单元的学习主要通过分析日常生活中的各种具体案例，带领学生发现法律就在自己身边，改变学生认知的局限性，让学生明白法律可以守护人们幸福的生活，为第四学段深入学习法律知识打下坚实的基础。

4. 单元大观念

根据课程标准、教材与学情分析，本单元经历建构法律体系，明确宪法根本地位，总结法律门类与作用的探究过程，最终指向形成遵纪守法、遇事找法的意识，运用相关的法律知识正确分析生活中的案例，将法律与现实生活建立联系。

于是，确定的单元大观念是：法律是幸福生活的保障。

（二）建构单元知识结构

单元知识结构如图 1 所示。

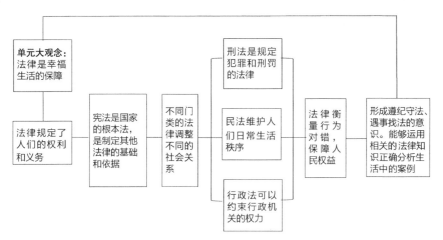

图 1 单元知识结构

（三）表述单元目标

（1）通过收集案例，说出法律的概念、特征，描述宪法的主要内容。

（2）通过分析案例，归纳法律的门类和作用，建立宪法是根本法的基本意识。

①通过交流案例，形成法律与生活的关系的一般认识。

②通过梳理案例，能够说出法律与宪法的关系。

③通过归纳不同门类法律调整的社会关系，总结法律的作用。

（3）在具体的情境中，能够运用法律知识正确分析具体案例，形成遵纪守法、遇事找法的意识。

二、创设学习情境和评价任务

（一）学习情境

同学们，一年一度的"宪法日"就要到了，俗话说："没有规矩，不成方圆。"法律就是我们生活中的"规"和"矩"，它渗透我们日常生活的方方面面，是我们幸福生活的保障。那么法律是什么？法律怎样维护我们的生活呢？

这个单元我们就要走进法律，去探索这些问题的答案，在学习的过程中我们将会形成遵纪守法、遇事找法的法治意识，也会养成良好的行为习惯，大家快来一起学习吧！学习结束后，我们将召开"法律案例调查报告"展演大会，届时会评选出最佳报告！不仅如此，我们还会发起"最佳小法官"评比活动，采用游戏抢答的方式，让大家根据法律知识分析案例，看谁分析得既准确又全面！

（二）评价任务

评价任务如图2所示。

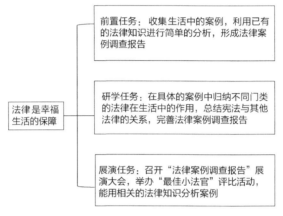

图2 评价任务

课时总体规划：前置任务不占课时，研学任务占6课时，展演任务占1课时。

三、设计学习活动方案

（一）前置任务

同学们，一年一度的"宪法日"就要到了，俗话说"没有规矩，不成方圆"，法律就是我们生活中的"规"和"矩"，与我们如影随形，请大家留心观察生活，想一想：作为一名小学生，在家庭、学校、社会生活中会涉及哪些法律知识呢？请你收集案例，用已有的法律知识进行简单分析，形成法律案例调查报告。

（二）研学任务

引导学生了解宪法，归纳法律的门类和作用，用法律去分析具体案例，完成"法律案例调查报告"。如表1所示。

表1 法律案例调查报告

基本问题：法律怎样保障幸福生活？

单元目标	课时目标	学习问题	学习活动
（1）通过收集案例，说出法律的概念、特征，简单描述宪法的主要内容。	第1课时：通过交流案例，形成法律与生活关系的一般认识	在分析案例的过程中你发现法律与生活有什么关系呢？	**任务1：通过交流生活中的案例，能够形成法律与生活的一般认识。** 同学们，俗话说："没有规矩，不成方圆"，作为一名小学生，在家庭、学校、社会生活中会涉及哪些法律知识呢？你在收集这些法律案例的时候，依据自己的想法与经验写出法律案例调查报告，现在请你们小组合作探究： （1）分享交流自己的法律案例调查报告，同时提出自己的问题或困惑。 （2）带着问题阅读本单元的全部内容，简单说说法律与生活的关系
（2）通过分析案例，归纳法律的门类和作用，建立宪法是根本法的基本意识。 （3）在具体的情境中，能够运用法律知识正确分析具体案例，形成遵纪守法、遇事找法的意识	第2课时：通过收集案例，说出法律的概念、特征，简单描述宪法的主要内容	法律的概念及特征是什么？宪法的主要内容是什么？	**任务2：通过交流案例，说出法律的概念及特征。** 同学们，我们生活在蓝天下，也生活在法律的保护中，你能根据案例，说出法律的概念及特征吗？ 小组合作探究： （1）请你结合"法律是什么"中的案例，说说你的生活中都有哪些方面涉及法律？ （2）用心读一读"法律是什么"的内容，概括法律的概念以及特征。 **任务3：交流案例，说出学习到的宪法知识。** 同学们，在博大的法律体系中有一种法律很特殊，请你结合"感受宪法日"，来简单描述一下你学到的宪法知识。 小组合作探究： （1）结合生活中的实例，说说你经历过的"宪法日"活动，说出你对宪法的初步印象。 （2）小组合作学习"感受宪法日"，总结宪法的主要内容。 共学梳理： 小组合作，交流所学内容。简单梳理法律概念及特征、宪法的主要内容

续表

单元目标	课时目标	学习问题	学习活动
（1）通过收集案例，说出法律的概念、特征，简单描述宪法的主要内容。 （2）通过分析案例，归纳法律的门类和作用，建立宪法是根本法的基本意识。 （3）在具体的情境中，能够运用法律知识正确分析具体案例，形成遵纪守法、遇事找法的意识	第3课时：通过梳理案例，能够说出法律与宪法的关系	法律与宪法的关系是什么?	**任务4：通过梳理案例，能够说出法律与宪法的关系。** 同学们，通过前面的学习，我们已经大致了解了宪法，那么这节课就请你对宪法进行更深入、更全面地探究，归纳宪法的相关知识，说出法律与宪法的关系。 小组合作探究： （1）请你依据案例及"宪法具有最高的法律效力"，简要说出宪法和法律的关系。 （2）请你依据案例及"树立宪法权威"的主要内容，说出宪法与生活的联系。 共学梳理： 解决"宪法具有最高法律效力"活动园中的问题，梳理宪法与法律的关系
	第4课时：通过归纳不同门类法律调整的社会关系，总结法律作用	法律的作用是什么?	**任务5：小组合作，结合案例，讨论刑法、行政法、民法调整的社会关系，总结出法律的作用。** 同学们，通过前两节课时的学习，我们知道了法律的概念及特征，了解了宪法的相关知识，那么法律与生活的关系是什么呢? 法律的作用是什么呢? 小组合作探究： （1）阅读"法律与生活"，简单归纳刑法、行政法、民法调整的社会关系。 （2）请你依据案例及"法律作用大"的主要内容，总结一下法律的作用吧。 共学梳理： 小组合作，解决"生活与法律"活动园中的问题，借助案例中的法律故事说出法律的作用
	第5课时： （1）通过已掌握的法律知识，进一步建立法律与生活的关系的认识。 （2）在具体情境中能够运用法律知识正确分析具体案例	法律与生活的关系是什么?	**任务6：归纳所学的法律知识，进一步提炼单元大观念。** 回顾单元内容，你都知道了哪些法律知识? 试着用图文结合的方式梳理本单元新学到的法律知识吧。 **任务7：运用梳理出来的法律知识，再次分析、完善案例调查报告。** 本单元所学的法律知识一定让你对法律与生活的关系有了更加深入的认识，请用这些知识，进一步分析、完善你的法律案例调查报告吧

（三）展演任务

1. "法律案例调查报告"展演大会

在法律知识的学习过程中，同学们主动收集身边的法律案例，并用已经学过的法律知识对案例进行简单的分析，大家一边学习一边完善，创作出了属于自己的法律案例调查报告，现在快来展示一下自己的成果吧！看看谁分析得既准确又全面！

2. "最佳小法官"评比活动

同学们，法律如同指南针，告诉我们行为的方向；法律如同尺子，衡量我们行为的对错。"最佳小法官"评比活动就要开始啦！你能用已经学到的有关宪法、民法、行政法等法律知识分析大屏幕上的具体案例吗？快快开动你的脑筋来挑战吧！

四、研制评价量表

根据单元学习目标，本单元共有三组评价任务。第一组评价任务对照前置任务，学生能够收集身边相关的案例，结合已有的法律知识进行简单分析。第二组评价任务对照研学任务，在学习过程中进行，每一个评价项目对应相关的课程内容。第三组评价任务对照展演任务，主要是展示、交流完善后的法律案例调查报告，结合"最佳小法官"评比活动，针对学生学习完本单元之后的过程展示和结果展演进行评价。

每个评价量表均从不同维度，设计了 A、B、C 三个等级，各等级的标准清晰、可测。前置任务与研学任务的评价由学生依据评价标准进行自评、互评。展演任务由学生、小组、教师依据评价标准共同评价。

（一）前置任务评价量表

"法律案例调查报告"评价量表如表 2 所示。

表 2 "法律案例调查报告"评价量表

维度	评价等级标准		
	A	B	C
案例描述	能找到 3 个身边的案例，这些案例完整，能清晰地描述案例中的人物、地点、起因、经过、结果	能找到 2 个身边的案例，能对案例进行比较完整的描述	能找到 1 个身边的案例，能大致描述案例的主要内容
法律对照	能自主查阅并记录至少 3 条与案例相关的法律条文	能自主查阅并记录 2 条与案例相关的法律条文	能查阅并记录 1 条与案例相关的法律条文

（二）研学任务评价量表

"研学任务"评价量表如表 3 所示。

表 3 "研学任务"评价量表

维度	评价等级标准		
	A	B	C
法律概念	（1）能说出法律规定人们的权利和义务，列举出 5 个与自身相关的权利、义务。 （2）能准确、全面地归纳宪法的相关知识	（1）能说出法律规定人们的权利和义务，列举出 3 个与自身相关的权利、义务。 （2）能完整地归纳宪法的相关知识	（1）能列举出 1 条与自身相关的权利和义务。 （2）能简单说出宪法的相关知识
法律关系	（1）能结合案例梳理刑法、民法、行政法这 3 种法律调整的社会关系。 （2）能准确、概括地总结宪法与法律的关系	（1）能结合案例梳理刑法、民法这 2 种法律调整的社会关系。 （2）能简单总结宪法与法律的关系	（1）能结合案例梳理刑法这 1 种法律调整的社会关系。 （2）能大致说出宪法与法律的关系
法律作用	（1）能依据情境描述的案例，准确找出 5 种相对应的法律。 （2）结合法律故事，梳理出 3 条法律的作用	（1）能依据情境描述的案例，准确找出 3 种相对应的法律。 （2）结合法律故事，梳理出 2 条法律的作用	（1）能依据情境描述的案例，准确找出 2 种相对应的法律。 （2）结合法律故事，梳理出 1 条法律的作用

"课堂表现"评价量表如表 4 所示。

表 4　"课堂表现"评价量表

维度	评价等级标准		
	A	B	C
自主探究	态度专注，不需要他人帮助就能自主收集并正确全面地分析案例	态度较为专注，有20%需要借助他人帮助，才能收集并正确分析案例	态度一般，有40%需要借助他人帮助，才能收集并正确分析案例
合作交流	（1）能够认真听取他人列举的案例，完善自己的报告。 （2）按照小组分工，积极、有序地参与	（1）能够认真听取他人列举的案例，补充自己的报告。 （2）按照小组分工有序地参与	能够听取他人列举的案例，借鉴他人的观点，补充自己的报告
展示分享	（1）能够积极完整地分享报告，利用相关知识发表自己的独特观点。 （2）仪态自信，语言流畅，思路清晰，中心突出。 （3）他人分享后能够主动质疑或补充	（1）能够完整地分享报告，利用相关知识发表自己的正确观点。 （2）仪态大方，语言流畅，思路明确。 （3）他人分享后能够适当补充	（1）能够分享报告，利用相关知识发表自己的观点。 （2）仪态大方，语言流畅。 （3）他人分享后能够适当借鉴

（三）展演任务评价量表

"法律案例调查报告展演"评价量表如表 5 所示。

表 5　"法律案例调查报告展演"评价量表

维度	评价等级标准		
	A	B	C
调查报告	（1）能清晰地描述案例报告中的人物、时间、地点、起因、经过、结果。 （2）能分析出5条与案例相关的法律知识。 （3）能运用已有的法律知识对案例进行准确、恰当的分析	（1）能简单地说出案例报告中的人物、时间、地点、起因、经过、结果。 （2）能分析出4条与案例相关的法律知识。 （3）能运用已有的法律知识对案例进行一般分析	（1）能大概描述案例报告中的事件。 （2）能分析出3条与案例相关的法律知识。 （3）能运用已有的法律知识对案例进行大致分析
表现力	声音洪亮，语言流畅，态度大方	声音较洪亮，语言较流畅，有一两处停顿的地方	声音低沉，说话断断续续，羞于表达

"最佳小法官"评比活动评价量表如表6所示。

表6 "最佳小法官"评比活动评价量表

维度	评价等级标准		
	A	B	C
案例分析	（1）能针对教师提出的案例快速地判定出涉及的法律门类（刑法、行政法、民法）。 （2）能列举出至少3条案例中涉及的法律条文。 （3）能依据相关的法律知识，完整地说出自己对这个案件的看法	（1）能针对教师提出的案例较快地判定出涉及的法律门类（刑法、行政法、民法）。 （2）能列举出至少2条案例中涉及的法律条文。 （3）能依据相关的法律知识，大致说出自己对这个案件的看法	（1）能针对教师提出的案例判定出涉及的法律门类（刑法、行政法、民法）。 （2）能列举出至少1条案例中涉及的法律条文。 （3）能依据相关的法律知识简要说出自己对这个案件的看法

五、教学设计反思

法律知识的学习与学生的生活相距较远，为了能够更好地激发学生的学习主动性和积极性，养成自觉守法、遇事找法、解决问题靠法的思维习惯和行为方式。经全面分析，本单元的核心是探究法律与生活的关系，于是提炼出"法律是幸福生活的保障"的单元大观念。围绕大观念，指向素养的发展，落实生活中的应用，我们进行了逆向建构，由意识到方法再到知识，打通学生思维路径，深化思想与行动的统一，符合道德与法治学科"知"与"行"相辅相成的特点。这样的方式与原有的教学设计不同之处在于，学与用相结合，学与评一体化，学生认知系统结构化，有效提升了课堂学习质量。

当然，在设计过程中，遇到的难点不少，比如：大观念的提炼需要教师既深入教材研究学科本质，又纵观全局对照学科思维；单元知识结构的建构需要教师跳出自身局限，回归学生角度，思考每一个小观念在习得时的路径，并把细碎的知识点，进行整合重新建构。但有些单元内容复杂且琐碎，时常很难整体把握，这都对教师提出了较高层次的要求。有困难才有挑战，有挑战才有价值，这样的探究过程聚焦课堂教学，从本质上提升了我们的专业素养。今后，我们将继续执着于教学研究与实践，不断提升专业能力。

追根溯源识汉字

——义务教育教科书小学《语文》第一学段识字单元

周　阳　陈培培　毕丽霞　王明霞 *

一、制订基于核心素养的单元目标

汉字是中华文明延续与发展的重要载体，其本身就蕴含着极其丰富的文化。统编教材的编写渗透了大量的汉字文化，主要体现在汉字字理、汉字演变过程及汉字故事等。小学第一学段识字单元的设置，重在渗透汉字文化，体现汉字规律，着力于激发学生识字兴趣，指导识字方法，培养识字能力。而汉字文化的研究，于学生层面，有助于培养学生的形象思维，提升其文化自信。对教师而言，在识字教学中融入汉字文化，不仅增加了识字教学的科学性，还提升了识字教学的人文性。

为此，本文认为识字单元的核心价值应定位于"关注汉字的本质，辨析音、形、义识字，传承汉字文化"。

（一）提炼单元大观念

1.课程标准分析

《义务教育语文课程标准（2022年版）》对识字与写字教学的重视一以贯之，不同学段对识字与写字的要求略有不同，统观三个学段，对识字与写字的要求大致如表1所示。

---

*周阳　陈培培　毕丽霞，郑州中学第二附属小学教师；王明霞，郑州高新技术产业开发区尚文中学，中小学高级教师。

表 1　对识字与写字的要求

维度	第一学段 （1—2 年级）	第二学段 （3—4 年级）	第三学段 （5—6 年级）
识字与写字态度与习惯	喜欢学习汉字，有主动识字、写字的愿望	对学习汉字有浓厚的兴趣，养成主动识字的习惯	有较强的独立识字能力。感受汉字的构字组词特点，体会汉字蕴含的智慧
	努力养成良好的写字习惯，写字姿势正确，书写规范、端正、整洁	写字姿势正确，养成良好的书写习惯。能用硬笔熟练地书写正楷字，做到规范、端正、整洁	写字姿势正确，有良好的书写习惯。硬笔书写楷书，行款整齐，力求美观，有一定的速度
累计识字与写字量	认识常用汉字 1600 个左右，其中 800 个左右会写	认识常用汉字 2500 个左右，其中 1600 个左右会写	认识常用汉字 3000 个左右，其中 2500 个左右会写
识字与写字能力	学习独立识字。能借助汉语拼音认读汉字，学会用音序检字法和部首检字法查字典	有初步的独立识字能力。能用音序检字法和部首检字法查字典、词典	有较强的独立识字能力
	掌握汉字的基本笔画和常用的偏旁部首，能按笔顺规则用硬笔写字，注意间架结构，初步感受汉字的形体美	能感知常用汉字形、音、义之间的联系，初步建立汉字与生活中事物、行为的联系，初步感受汉字的文化内涵	感受汉字的构字组词特点，体会汉字的智慧

从表 1 中可见，小学阶段对学生识字与写字量有一定的要求，重在培养学生识字与写字的兴趣及独立识字的能力，同时还提示了汉字文化的渗透："初步感受汉字的形体美"（第一学段）；"能感知常用汉字形、音、义之间的联系，初步建立汉字与生活中事物、行为的联系，初步感受汉字的文化内涵"（第二学段）；"感受汉字的构字组词特点，体会汉字的智慧"（第三学段）。由此，应该把汉字文化潜移默化渗透在学习识字与写字的过程中，让他们逐渐感知汉字的本质，主动辨析音、形、义识字，体会汉字智慧，传承汉字文化。

2.教材分析

小学第一学段的识字单元共六个，具体内容分析见表 2。

表 2　第一学段具体内容

识字单元	相关内容	汉字文化渗透
一年级上 第一单元	《天地人》 《金木水火土》 《口耳目》 《日月水火》 《对韵歌》 《语文园地一》	第一个识字单元，渗透韵语识字、看图识字、字理识字等多种识字方法，让学生在有趣的情境中走进语文，乐于识字。本单元还涉及汉字与天文、地理等中国文化知识
一年级上 第五单元	《画》 《大小多少》 《大书包》 《日月明》 《升国旗》 《语文园地五》	本单元将识字寓于生动形象、充满童趣的情境之中，内容浅显，内涵丰富，形式多样，渗透了多种识字方法：对比识字、会意字识字、归类识字。教材力图通过丰富多样的编排形式，让学生在识字的同时，了解汉字的文化内涵，使学生体会到汉字不仅有用，还很有意思，激发学生的识字热情
一年级下 第一单元	《春夏秋冬》 《姓氏歌》 《小青蛙》 《猜字谜》 《语文园地一》	本单元内容丰富，有看图识字、韵语识字、字族文识字、字谜识字等，课文编排充满传统文化色彩，富有童趣，有助于激发儿童学习兴趣，传承中华民族文化。除此之外还涉及汉字与时令文化、姓氏文化等内容
一年级下 第五单元	《动物儿歌》 《古对今》 《操场上》 《人之初》 《语文园地五》	本单元旨在通过集中识字的形式，完成识字任务。教材编排的识字形式丰富多样，特色鲜明，贴近学生生活。本单元出现的生字，大部分是形声字。在本单元要学习运用形声字的构字规律进行识字。要引导学生举一反三，运用归类识字、比较识字、看图识字、韵语识字等方法，逐步提高学生独立识字的能力，感受识字的乐趣
二年级上 第二单元	《场景歌》 《树之歌》 《拍手歌》 《田家四季歌》 《语文园地二》	本单元以"场景、树木、动物、农事"等识字主题串联起了本单元识字与写字，旨在引导学生在不同的语境中识字学词。本单元的生字都是生活中的常用字，有较强的构字规律，可以充分利用这些构字规律，培养学生自主识字能力
二年级下 第三单元	《神州谣》 《传统节日》 《"贝"的故事》 《中国美食》 《语文园地三》	本单元出现的生字，大部分是形声字，要继续引导学生运用形声字的构字规律识字，帮助学生建立生字音、形、义之间的联系，引导学生不断发现汉字的奥秘，感受识字的乐趣

　　通过对小学《语文》第一学段六个识字单元内容的梳理，不难发现，教材重视汉字本身的构字规律，遵循象形、会意、指示、形声的规律安排。一年级教材编排注重让学生了解汉字的构字规律和表意特征。二年级教材的编排注重学生关注字与字之间的联系，掌握识字的方法，体会汉字文化，提高识字兴趣。

3. 学情分析

一年级学生处于活泼好动、注意力不能长时间集中、易识记具体形象事物的阶段，感知带有较强的情绪性。这一时期，就学生的识字兴趣而言，大部分学生喜爱识字，愿意主动识记生字。识字能力上，一年级学生观察的目的性不强，注意力不专注，因而识字慢、记不牢。识字方法上，学生能积极学习编顺口溜识字、象形识字等识字方法，但未能构建系统、全面、科学的识字体系。识字习惯上，学生能在生活中识字，但自主识字的意识与习惯还需培养。此阶段学生的难点主要在于构建系统、全面、科学的识字体系。

就二年级的学生而言，常见的偏旁已经掌握，也掌握了常见的识字方法，以及汉字的构字规则。对学生而言，难点在于灵活迁移，即把掌握的构字规则在新的情境中灵活使用。

识字单元的大观念是什么呢？结合课程标准的关键点、教材的重点、学情的难点，明确识字单元课程内容本质指向关注汉字的本质，辨析音、形、义识字，体会汉字文化，提高识字兴趣。因此本文将识字单元的大观念确定为：追根溯源识汉字。

（二）建构单元知识结构

单元知识结构如图 1 所示。

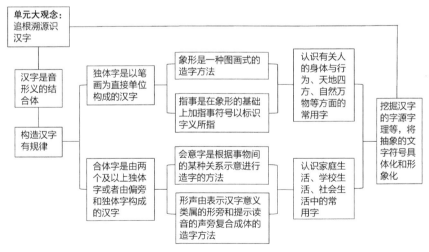

图 1　单元知识结构

（三）表述单元目标

（1）能借助汉语拼音认读、书写第一学段识字单元的汉字，诵读课内外学到的儿歌、韵文、诗词等，养成自主积累汉字的习惯。

（2）通过学习多种类型的汉字，能够发现汉字构造的一般规律，主动运用构字规律独立识字，建立有关汉字及认字的一般认识。

①通过认识自然等方面的汉字，发现各种类型汉字的构字规律。

②在真实的语言文字运用情境中主动运用构字规律独立识字。

③通过归类已掌握的汉字，能够建立有关汉字及认字的一般认识。

（3）在真实的社会场景中，能够认识标牌、图示等常用汉字，能够借助识字方法推测字音字义，并愿意向他人说出自己的猜想。

二、创设学习情境和评价任务

（一）学习情境

自仓颉造字以来，美丽的汉字以独特的姿态出现在世人眼前。一撇一捺，一点一横，笔笔写满中华文化，字字勾出构字规律。我们将随着识字单元的学习走进"汉字文化博物馆"，那里有着不少与自然万物息息相关，与我们的生活密不可分的汉字朋友。让我们去探索、挖掘这些汉字朋友背后的秘密，建立起我们的专属识字档案，在这个过程中感悟祖国语言文字的内涵，传承汉字博大精深的文化！等同学们完成本单元系列活动后，年级将召开识字展演大会，展示交流各自的识字档案，届时会评选出"最佳识字档案"。不仅如此，还有现场识字比赛等着我们去挑战，大胆猜一猜陌生汉字的意思，有理有据说一说你猜测的理由，看谁猜得又多又准！

（二）评价任务

评价任务如图 2 所示。

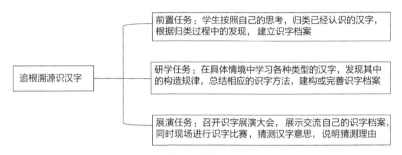

图 2　评价任务

课时总体规划：

一年级下册第一单元：前置任务占 1 课时，研学任务占 10 课时，展演任务占 2 课时，共 13 课时。

二年级下册第三单元：前置任务课前完成，研学任务占 9 课时，展演任务占 2 课时，共 11 课时。

三、设计学习活动方案

（一）前置任务

同学们，汉字"朋友"无处不在，相信你无论在生活中，还是在校园里，或是在课堂上，都交到了不少汉字"朋友"。能尝试按照自己的想法，给你认识的汉字"朋友们"归一归类吗？归类的过程中，你一定会有许许多多了不起的发现！就从现在开始，借助小贴士里的提示，建立起一个属于自己的识字档案吧。

◎尝试按照自己的想法，归类已掌握的汉字。

◎可选择自己喜欢的形式（如表格、图文结合、思维导图等）设计识字档案。

◎建议采用剪、贴、画、写等多种方式呈现已掌握的汉字。

（二）研学任务

引导一年级（下）的学生借助汉语拼音认读、书写第一阶段识字单元的汉字，通过学习各种类型的汉字，发现和总结汉字构造的一般规律，在真实的社会场景中，借助识字方法推测字音字义。具体任务的完成如表3所示。

表3　一年级下册第一单元——识字单元

基本问题：汉字的构字规律是什么？			
单元目标	课时目标	学习问题	学习活动
（1）能借助汉语拼音认读、书写第一学段识字单元的汉字，诵读课内外学到的儿歌、韵文、诗词等，养成自主积累汉字的习惯。 （2）通过学习多种类型的汉字，能够发现汉字构造的一般规律，主动运用构字规律独立识字。 （3）在真实的社会场景中，能够认识标牌、图示等常用汉字，能够借助识字方法推测字音字义，并愿意向他人说出自己的猜想	第1课时： 通过归类已掌握的汉字，初步建立有关汉字及识字的一般认识	在归类汉字"朋友"的过程中，你有什么发现吗？	任务一：交流识字档案，初步提炼单元大观念。 同学们在归类汉字"朋友"的过程中，都依据自己独特的发现建立起了专属识字档案，请同学们小组合作： 活动1：交流识字档案，围绕自己的归类依据展开讨论，同时提出自己的问题或困惑。 活动2：带着问题或困惑，整体阅读单元内容，初步提出有关汉字及识字的一般认识
	第2～3课时： 通过认识自然等方面的汉字，发现各种类型汉字的构字规律。 第4课时： 在真实的语言文字运用情境中主动运用构字规律独立识字。 第5～6课时： 能规范、端正、整洁地书写汉字	汉字的形、音、义之间有怎样的联系？	任务二：走进"汉字文化馆"，探秘构字规律。 汉字是我们祖先最伟大的发明，是世界上历史最为悠久的象形文字。有了汉字才有了中国真正的文化，才有了由文字记载的中国历史。让我们一起走进"汉字文化馆"，本次我们参观四站："汉字与节日文化""汉字与生活文化""汉字与时令文化"及"汉字与姓氏文化"。每一站都有不同的风采，邀请同学们参与以下四项活动，定会有丰富的收获，赶快启程吧！ 活动1：走进"汉字文化馆"前两站，探索形声字构字规律。 自学探究： （1）诵读儿歌《猜字谜》，猜出谜底，说清理由。诵读儿歌《小青蛙》，联系生活常识，说出儿歌大致意思。 （2）圈画遇到的陌生汉字"朋友"，想一想可以用什么方法认识它，同时说出自己在识字过程中的发现。 活动2：交流识字发现，梳理总结构字规律。 小组合作梳理： （1）交流识字过程中的发现； （2）围绕"汉字的构字规律是什么？"梳理总结构字规律。 活动3：走进"汉字文化馆"后两站，尝试运用形声字构字规律，主动识字。 小组合作探究：

续表

单元目标	课时目标	学习问题	学习活动
（1）能借助汉语拼音认读、书写第一学段识字单元的汉字，诵读课内外学到的儿歌、韵文、诗词等，养成自主积累汉字的习惯。 （2）通过学习多种类型的汉字，能够发现汉字构造的一般规律，主动运用构字规律独立识字。 （3）在真实的社会场景中，能够认识标牌、图示等常用汉字，能够借助识字方法推测字音字义，并愿意向他人说出自己的猜想	第2～3课时： 通过认识自然等方面的汉字，发现各种类型汉字的构字规律。 第4课时： 在真实的语言文字运用情境中主动运用构字规律独立识字。 第5～6课时： 能规范、端正、整洁地书写汉字	汉字的形、音、义之间有怎样的联系？	（1）诵读《春夏秋冬》《姓氏歌》，说说自己了解到的内容及发现。 （2）试着用自己梳理总结的构字规律认识新的汉字"朋友"，在组内分享识字收获。 活动4：书写"汉字文化馆"里的部分汉字"朋友"。 汉字书写讲究结构、笔势、神韵，是一项十分精细的活动，要把字写好，就要善于观察、勤于练习，请同学们按要求完成书写。 （1）自主观察，一看结构，二看笔画，三看笔顺，说一说书写要点。 （2）观看范写，抓住要领，练习书写。 （3）书写反馈，评议交流
	第7～8课时： 通过归类已掌握的汉字，能够建立有关汉字及认字的一般认识	汉字的构字规律是什么？	**任务三："梳理文化馆里的收获"，完善识字档案，进一步提炼单元大观念。** 历经四站"汉字文化馆"之旅，一定收获颇丰，期待你们在以下两项活动中大展身手！ 活动1：依据构字规律梳理本单元认识的新字。 （1）自主梳理。字有妙意，识有心意。通过本次"汉字文化馆"之旅，你都知道了哪些构字规律呢？请依据构字规律，试着用表格、图文结合、思维导图等方式梳理一下本单元你认识的新字，完成一份识字小报吧！ （2）小组交流。组内交流，推选一份识字小报全班展示。 （3）全班展示。介绍小报，交流识字方法。 活动2：完善识字档案，进一步提炼单元大观念。 自主学习： （1）借助构字规律，完善识字档案。本次"文化馆"之旅所学到的构字规律，一定给你带来了不小的启发，快借助这些构字规律，完善你的识字档案吧！ 步骤一：依据构字规律多角度归类汉字，完善档案。 步骤二：将课内外所学汉字分类补充至识字档案中。 （2）提出有关汉字及认字的一般认识。完成识字档案后，请提出有关汉字及认字的一般认识

续表

单元目标	课时目标	学习问题	学习活动
（1）能借助汉语拼音认读、书写第一学段识字单元的汉字，诵读课内外学到的儿歌、韵文、诗词等，养成自主积累汉字的习惯。 （2）通过学习多种类型的汉字，能够发现汉字构造的一般规律，主动运用构字规律独立识字。 （3）在真实的社会场景中，能够认识标牌、图示等常用汉字，能够借助识字方法推测字音字义，并愿意向他人说出自己的猜想	第9～10课时：能够借助识字方法，推测校园、社区中出现的常用汉字的字音、字义，并愿意向他人说出自己的猜想	生活中，你有哪些识字收获？	**任务四："我的识字经历"，主动识字，解说校园，了解社区。** 字字有来历，识字有方法，走出课堂，你敢迎接新的挑战吗？推荐参与以下两项活动，期待你们的精彩表现！ 活动1：解说校园中常用汉字。 幼儿园的小朋友们下周要来参观咱们的校园，作为小主人的你，能在带领他们参观校园的同时，结合各种各样的标识牌、图示等为他们解说吗？ 温馨提示： （1）自主探索。运用学到的构字规律，尝试自主认识校园里的标识牌、图示等，及时记录不认识的生字、新词。 （2）小组合作。①相互交流在校园标识牌、图示中认识的生字、新词，同时分享运用的识字方法；②轮流提出自己不认识的生字、新词，组内探讨，梳理出大家都不认识的生字、新词。 （3）全班交流。交流各组不认识的生字、新词，集全班智慧，通过各种途径认识它们。 （4）解说校园。带领幼儿园小朋友参观校园，结合各种各样的标识牌、图示等为他们解说。 活动2：推测社区里出现的常用汉字。 校园里的标识牌、图示等帮助我们了解美丽的校园，你是否关注自己所住社区里的标识牌、图示呢？放学后请与爸爸妈妈一起寻找小区里的标识牌、图示等，运用课堂所学的构字规律推测遇到的新字，并向爸爸妈妈说出自己的猜想，他们一定会为你感到骄傲

引导二年级（下）的同学们走进"汉字博物馆"，探秘构字规律，了解文字的起源和发展，感悟汉字文化。梳理完善识字档案，并运用构字规律去推测猜想公共场所出现的常用汉字。如表4所示。

表4　二年级下册第三单元——传统文化

基本问题：汉字的构字规律是什么？

单元目标	课时目标	学习问题	学习活动
（1）能借助汉语拼音认读、书写第一学段识字单元的汉字，诵读课内外学到的儿歌、韵文、诗词等，养成自主积累的习惯。（2）通过学习多种类型的汉字，能够发现汉字构造的一般规律，主动运用构字规律独立识字。（3）在真实的社会场景中，能够认识标牌、图示等常用汉字，能够借助识字方法推测字音、字义，并愿意向他人说出自己的猜想	第1课时：通过认识社会生活等方面的汉字，发现各种类型汉字的构字规律。第2～4课时：在真实的语言文字运用情境中主动运用构字规律独立识字。第5～6课时：能规范、端正、整洁地书写"州、传、贝"等35个生字。第7～8课时：通过归类已掌握的汉字，回顾有关汉字及认字的一般认识	（1）图画和文字之间有怎样的联系？（2）汉字的形、音、义之间有怎样的联系？（3）汉字的构字规律是什么？	**任务一：走进"汉字博物馆"，探秘构字规律。**我们曾走进"汉字文化馆"，领略了汉字文化的魅力，你可曾听说过"汉字博物馆"？在那里你可以进一步了解汉字的起源演变，感受更丰富的汉字文化。本次"汉字博物馆"推出了两个馆藏："汉字起源演变馆"和"汉字文化体验馆"，等待我们去参观，同时邀请同学们体验以下四项活动，准备好了吗？活动1：走进"汉字起源演变馆"，了解汉字发展的故事。自学探究：（1）观看视频，了解汉字的发展过程：结绳记事、伏羲发明八卦、仓颉造字等，说出自己的感受。（2）通读课文《"贝"的故事》，借助插图了解"贝"字的演变过程，用自己的话讲出"贝"的故事。（3）圈画遇到的陌生汉字"朋友"，想一想可以用什么方法认识它们，同时说出自己在识字过程中的发现。活动2：交流识字发现，梳理总结构字规律。小组合作梳理：（1）交流识字过程中的发现。（2）围绕"汉字的构字规律是什么？"梳理总结构字规律活动3：走进"汉字文化体验馆"，尝试运用象形字、形声字构字规律，主动识字。我们在"汉字起源演变馆"里，走进了汉字发展和演变的历史长河，知道汉字是象形文字，一撇一捺都有故事，这也是汉字虽历尽沧桑仍焕发活力的原因，接着让我们到"汉字文化体验馆"里去体验"汉字与美食文化""汉字与地理文化"及"汉字与节日文化"，相信同学们会进一步丰富识字内涵，感悟汉字文化。自学探究：（1）认真观察《中国美食》的插图，结合图片所配文字及列举的主食名，说出自己的发现。（2）诵读儿歌《神州谣》，借助插图，联系生活实际大致说出儿歌的意思。（3）诵读韵文《传统节日》，联系生活，说出儿歌大致意思。小组合作探究：试着用自己梳理总结的构字规律认识新的汉字"朋友"，在组内分享识字收获

单元目标	课时目标	学习问题	学习活动
（1）能借助汉语拼音认读、书写第一学段识字单元的汉字，诵读课内外学到的儿歌、韵文、诗词等，养成自主积累的习惯。（2）通过学习多种类型的汉字，能够发现汉字构造的一般规律，主动运用构字规律独立识字。（3）在真实的社会场景中，能够认识标牌、图示等常用汉字，能够借助识字方法推测字音字义，并愿意向他人说出自己的猜想	第1课时：通过认识社会生活等方面的汉字，发现各种类型汉字的构字规律。 第2～4课时：在真实的语言文字运用情境中主动运用构字规律独立识字。 第5～6课时：能规范、端正、整洁地书写"州、传、贝"等35个生字。 第7～8课时：通过归类已掌握的汉字，回顾有关汉字及认字的一般认识	（1）图画和文字之间有怎样的联系？ （2）汉字的形、音、义之间有怎样的联系？ （3）汉字的构字规律是什么？	活动4：书写"汉字博物馆"里的部分汉字"朋友"。汉字书写讲究结构、笔势、神韵，是一项十分精细的活动，要把字写好，就要善于观察、勤于练习，请同学们按要求完成书写。（1）自主观察，一看结构，二看笔画，三看笔顺，说一说书写要点。（2）观看范写，抓住要领，练习书写。（3）书写反馈，评议交流。 **任务二："梳理博物馆里的收获，完善识字档案，温习单元大观念。** 汉字是中华文化的"活化石"，我们在"汉字博物馆"里领略了华夏汉字文化的源远流长，感悟了汉字深厚的底蕴，相信参与以下两项活动的你，定会创造出一个五彩斑斓的汉字世界！ 活动1：依据构字规律梳理本单元认识的新字。 （1）自主梳理。徜徉"汉字博物馆"，你都知道了哪些构字规律？请依据构字规律，试着用表格、图文结合、思维导图等方式梳理一下本单元你认识的新字，完成一份识字小报吧，建议增添"汉字的故事"这一版块。 （2）小组交流。组内交流，推选一份识字小报全班展示。 （3）全班展示。全班展示，介绍小报，交流识字方法。 活动2：完善识字档案，温习单元大观念。 自主学习： （1）借助构字规律，完善识字档案。本次博物馆之旅所学到的构字规律，一定给你带来了不小的启发，借助这些构字规律，完善你的识字档案吧！ 步骤一：依据构字规律多角度归类汉字，完善档案。 步骤二：将课内外所学汉字分类补充至识字档案中。 （2）回顾有关汉字及认字的一般认识，温习单元大观念
	第9课时：能够借助识字方法，推测公共场所出现的常用汉字的字音字义，并愿意向父母说出自己的猜想	生活中，你有了哪些识字收获？	**任务三："我的识字经历"，主动识字，推测猜想公共场所出现的常用汉字。** 超市、公园、医院、火车站……你是否留意过这些公共场所的标识牌、图示呢？请任选一处公共场所，与爸爸妈妈一起寻找那里的标识牌、图示等，运用课堂所学的构字规律推测遇到的新字，并向爸爸妈妈说出你的猜想，他们一定会为你感到骄傲

（三）展演任务

1. 识字档案展示交流

在"汉字文化博物馆"之旅中，同学们主动探索汉字"朋友"背后的秘密，用一行行字、一幅幅图、一个个故事……创作出了自己的专属识字档案，期待每位同学都能在展演大会上自信介绍识字档案，大胆分享识字收获，祝愿你们一展风采！

2. 现场识字大比拼

"千'字'百态，'字'得其乐"识字比赛就要开始了，请根据真实生活场景中的标牌、图示等常用汉字，进行识字对对碰，看谁在 1 分钟内猜得又准又多，并能说出汉字的大致意思及猜测理由！

四、研制评价量表

根据单元学习目标，围绕前置任务、研学任务和展演任务，一年级下册第一单元和二年级下册第三单元都设计了相应评价量表。评价量表依据评价标准设定为 A、B、C 三个等级。

前置任务及研学任务的评价，由学生依据评价标准自评、互评。展演任务的评价，由学生、小组、教师依据评价标准共同评价。

（一）前置任务评价量表

"识字档案"评价量表如表 5 所示。

表5 "识字档案"评价量表

维度	评价等级标准		
	A	B	C
归类角度	能结合造字法从 3 个及以上角度进行归类	能结合造字法从 2 个角度进行归类	能结合造字法从 1 个角度进行归类
每类数量	形声字列举 90 个以上，其余类型汉字列举 10 个以上	形声字列举 70 个以上，其余类型汉字列举 5 个以上	形声字列举 50 个以上，其余类型汉字列举 3 个以上
展现形式	能图文结合，清晰展现汉字的演变、故事或应用场景；布局合理，美观大方	能图文结合，较清晰地展现汉字的演变、故事或应用场景	仅能正确呈现汉字

（二）研学任务评价量表

"汉字书写"评价量表如表6所示。

表6　"汉字书写"评价量表

维度	评价等级标准		
	A	B	C
书写姿势	（1）能依据要领，正确执笔，做到手指实、手心虚、手背圆、手掌竖。（2）坐姿端正，手离笔尖一寸，胸离桌子一拳，眼离页面一尺	坐姿及握笔姿势其中一项不规范	写字姿势及握笔姿势均不规范
书写能力	（1）能按基本笔顺规则用铅笔写字。（2）基本笔画书写正确。（3）字体书写规范、端正、整洁	（1）能按基本笔顺规则用铅笔写字，1～3个汉字笔顺出错。（2）基本笔画书写出现1～3处错误。（3）字体书写较规范、端正、整洁	（1）能按基本笔顺规则用铅笔写字，3个以上汉字笔顺出错。（2）基本笔画书写出现3处以上错误。（3）字体书写不够规范、端正、整洁

"课堂表现"评价量表如表7所示。

表7　"课堂表现"评价量表

维度	评价等级标准		
	A	B	C
听	（1）听教师讲话时，看教师的表情。（2）听同学发言时，保持安静和专注	（1）听教师讲话时，眼神飘忽不定。（2）听同学发言时，随意接话	（1）教师讲话时，跑神或做自己的事情。（2）同学发言时，跑神或做自己的事情
说	（1）经常主动举手发言。回答问题时，声音洪亮。（2）跟同学交流时，看同学的表情	（1）偶尔主动举手发言。回答问题时，声音较低。（2）跟同学交流时，眼神飘忽不定	（1）不主动举手发言。（2）不主动跟同学交流
看	看学习内容时，能边看边轻声说出看到了什么，同时认真思考，不懂的问题主动问教师或同学	看学习内容时，能边看边想，不懂的问题主动问教师或同学	不能集中注意力看学习内容
读	（1）听教师示范，学习正确朗读课文。（2）在理解课文内容的基础上，学会停顿	听教师示范，学习正确朗读课文	不认真学习正确朗读课文

（三）展演任务评价量表

"识字展演大会"评价量表如表8所示。

表8 "识字展演大会"评价量表

维度	评价等级标准		
	A	B	C
展现内容	能读准识字档案上的全部生字，每类汉字至少挑选一个，清楚说出它的来历及识字方法	能读准识字档案上的大部分生字，会有1～3个出错，每类汉字挑选一个，较清楚地说出它的来历及识字方法	能读准识字档案上的大部分生字，会有4～8个出错，不能从每类汉字中挑选汉字并说清楚它的来历及识字方法
表现力	声音洪亮，语言流畅，态度大方	声音较洪亮，语言较流畅，有一两处停顿的地方	声音较低，说话断断续续，羞于表达

"识字比赛"评价量表如表9所示。

表9 "识字比赛"评价量表

维度	评价等级标准		
	A	B	C
字音	能正确猜测20个及以上新字的读音	能正确猜测10～19个新字的读音	能正确猜测5～9个新字的读音
汉字大意及猜测理由	能正确猜测20个及以上新字的大致意思，并能清楚地说出15～20个汉字的猜测理由	能正确猜测10个及以上新字的大致意思，并能清楚地说出7～10个汉字的猜测理由	能正确猜测5个及以上新字的大致意思，并能较清楚地说出3～5个汉字的猜测理由

五、作业设计样例

传统文化乐游园
——二年级下册第三单元

中华优秀传统文化源远流长、博大精深，是中华儿女的骄傲！下面请你参加传统文化乐游园，体会中华文化的灿烂辉煌吧！

（一）汉字里的中国——汉字书屋

汉字是世界上最美丽、最神奇的文字，它凝（níng）聚（jù）了中华祖先的智慧和灵气。让我们走进汉字书屋，从下面的汉字中任选三组，先读出每组汉字的音节，再分别组两个词。

| 赔 | 培 | | 削 | 霄 | | 炒 | 吵 |

| 请 | 情 | | 漂 | 飘 | | 波 | 破 |

（二）舌尖上的中国——美食餐厅

中华美食历史悠久、品种繁多，以味美养生、技艺精妙闻名于世。八大菜系香飘四海，无时无刻不触动着全世界人们的神经和味蕾。请你圈出下面美食的制作方法（以下图片均来自网络），这几个字都跟（　　）有关。

小鸡炖蘑菇　　　　　　水煮鱼

葱爆羊肉　　　　　　香煎豆腐

烤羊肉串　　　　　　红烧排骨

（三）节日里的中国——节日展馆

春节团圆，元宵观灯，重阳登高，中秋赏月……中国的传统节日形式多样，内容丰富，是我们中华民族悠久历史文化的一个重要组成部分。走进节日展馆，了解传统节日，请你先把图片与对应的节日连接起来，然后按照时间顺序排列下面的节日，再选一两个说说你是怎样过的（以下图片来自网络）。

图片	节日	排序
	端午节	○
	清明节	○
	重阳节	○
	元宵节	○
	春节	1
	中秋节	○

（四）诗句里的中国——诗歌园林

古诗与现代诗都是中华文化的瑰宝，让我们畅游诗歌园林，从以下三首古诗中任选其一，背诵下来，同时为现代诗选字填空，并说说理由。

《咏柳》　　《村居》　　《绝句》

堂｜赏｜尚｜敞｜躺｜常｜掌

尚字族

我们的校园美丽宽 chǎng_____，

我们的课 táng_____舒适明亮。

满池荷花张开了笑脸，露珠 tǎng_____在绿叶上。

水中鱼儿漾起波浪，招引我们留步观 shǎng_____。

节日晚会经 cháng_____在礼 táng_____举行，

好戏连台展现新的风 shàng_____。

老师同学热烈鼓 zhǎng_____，

欢声笑语在校园久久回荡。

（五）故事里的中国——故事讲坛

在中华大地上流传着许多故事，从《揠苗助长》和《羿射九日》两个故事中任选其一，根据提示讲一讲这个故事。

故事名字	故事起因	故事经过	故事结果
《揠苗助长》	盼望禾苗长得快	拔高禾苗	禾苗枯死
《羿射九日》	十个太阳炙烤着大地，人类的日子很艰难	羿射下了九个太阳，留下了最后一个	大地上重新出现了勃勃生机

六、教学设计反思

（一）为何要"整合识字单元"，进行"大单元识字"

汉字不仅是一种符号，还是中华文化的缩影。培养学生对汉语言文字和中华文化的热爱，是语文教学承载的重要使命。汉字不同于其他文字，它直观达意，逻辑性强，是依据"依类象形""图成其物"的原则构造出来的，了解汉字的构字规律，再将其与教材的六个识字单元联系起来，会发现各识字单元蕴含的关键知识相互关联，并与汉字构字文化一脉相承。一年级上册"识字单元（一）"重在学习象形字的构字特点，"识字单元（二）"重在了解会意字的构字规律；一年级下册"识字单元（一）"在学会"加一加、减一减、换一换"等识字方法的综合运用的同时，建立生字音、形、义之间的联系，加深对形声字构字特点的认识；"识字单元（二）"重在了解形声字偏旁部件意义联系。二年级上册的"识字单元"重在学习汉字从字到词到句的内在意义联系；二年级下册的"识字单元"重在识字方法、构字规律的灵活迁移。统观六个识字单元，我们可以清晰地看到各个关键知识在整个知识体系中与先前、后续及与之类似的知识之间的系统关系。

通过分析，我们对六个识字单元内容的逻辑有了相对深入的把握，也更加明晰，如果想让学生掌握前移后拓的结构化知识，学以致用并从中感受汉字的意义与价值，就要敢于单元整合，进行"大单元识字教学"。

（二）如何"整合识字单元"，落实"大单元识字"

1. 立足课程标准，分析教材，剖析学情，提炼单元大观念

《义务教育语文课程标准（2022年版）》明确要求："识字与写字是阅读和写作的基础，是第一学段的教学重点，也是贯穿整个义务教育阶段的重要教学内容。"识字与写字教学的重要性不言而喻。

在进行课程标准分析时，我们不仅围绕"识字与写字态度与习惯""累计识字与写字量"及"识字与写字能力"三个维度梳理、对比、分析了三个学段关于识字与写字要求的相同与不同，而且立足第一学段，研读细致要求。第一学段要求学生"认识有关人的身体与行为、天地四方、自然万物等方面的常用字"，引导学生"观察字形，体会汉字部件之间的关系。梳理学过的字，感知

汉字与生活的联系"。学业质量部分更是清晰描述了学生第一学段学完后的语文学业成就关键表现，就识字与写字而言，学生应达成的目标有："留心公共场所等真实社会场景中的文字，尝试认识标牌、图示、简单的说明性文字中的常用汉字；借助拼音认读汉字，借助学过的偏旁部首推测字音、字义，愿意向他人说出自己的猜想"等，课程标准导引我们应该把汉字文化潜移默化渗透在学生学习识字与写字的过程中，让他们逐渐感知汉字的本质，主动辨析音、形、义识字，体会汉字智慧，传承汉字文化。

立足课程标准，在整体把握识字单元脉络的基础上，我们关注构字规律的理解与习得、汉字文化的渗透与传承，从而更加明确教材中识字单元的编排意图。

在对课程标准和教材有了充分的把握之后，我们从第一学段学生的年龄特点与知识经验入手，剖析学情难点，进而将学情的难点、课程标准的关键点及教材的重点结合起来，建立联系，发现识字单元课程内容本质，即辨析汉字音、形、义，把握构字规律，体会汉字文化，提高识字兴趣与效率。从而确定单元大观念——追根溯源识汉字。

这样的大观念能够揭示识字单元的核心本质，"追根溯源"是指追溯事物发生的根源。"追根溯源识汉字"就是通过追溯汉字产生的根源，认识汉字的本质，掌握汉字的结构关系，建立起音、形、义之间的统一联系。从而从认识一个字，到认识一类字，再到迁移运用认识这类字的方法去探索更多的汉字。

2. 站在学生的思维角度，思考大观念形成过程，图示化"学"的思维路径

单元大观念确定为"追根溯源识汉字"，我们尝试站在学生的角度思考。看到这一观念，学生会下意识想到：什么是汉字的根，什么是汉字的源？指向汉字的本质——汉字是音、形、义的结合体，汉字构造是有规律可循的。接着学生会追问：构造汉字有哪些规律？与音、形、义的结合又有怎样的联系？"依类象形，谓之文""形声相益，谓之字"，对应的分别是独体字、合体字及进一步衍生的象形字、指事字、会意字和形声字。学生进一步追问：真的能运用构字规律认识汉字"朋友"吗？那就通过认识有关自然万物、天地四方、学校生活、社会生活等方面的常用字，挖掘汉字资源、字理等，将抽象的文字符号具体化、形象化。真正建立汉字及认字的一般认识，并以"追根溯源识汉字"这一大观念引领实践。

3. 制订基于核心素养的单元目标，以此为导向，统筹情境任务和评价任务

通过逆推法制订基于核心素养的单元目标。首先，将质量标准中关于识字与写字的要求转换成实践性目标，即在真实的社会场景中，能够认识标牌、图示等常用汉字，能够借助识字方法推测字音、字义，并愿意向他人说出自己的猜想。其次，为达成实践性目标，要通过学习多种类型的汉字，发现汉字构造的一般规律，进而主动运用构字规律独立识字，建立有关汉字及认字的一般认识。最后，设定基础性目标，概述本单元事实性零碎知识的同时落脚素养的形成，即能借助汉语拼音认读、书写第一学段识字单元的汉字，诵读课内外学到的儿歌、韵文、诗词等，养成自主积累的习惯。

以目标为导向统筹情境任务，情境任务见图 3。

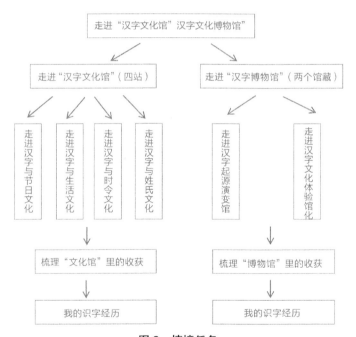

图 3　情境任务

关于以上情境任务的统筹，我们参照课程标准中的学业质量要求，按照日常生活类语言文字运用情境，整合识字与写字、阅读与鉴赏、表达与交流、梳理与探究等语言实践活动，让学生更多地直接接触语文材料，在大量的语文实践中掌握运用语文的规律，促进语文核心素养的形成。

基于大观念的引领及目标的导向，"识字大单元"统筹了三项评价任务：

前置任务、研学任务和展演任务。

前置任务"建立识字档案"为探索构字规律提供抓手，此任务贯穿单元学习始终，随着识字学习的不断展开，借助丰富完善识字档案这一语文实践活动，巩固方法、探寻规律、拓展识字、感悟文化。

研学任务由相互关联的系列学习任务组成，引导学生在语文实践活动中积累语言材料和语言经验，从认识自然万物等方面的汉字，发现各种类型汉字的构字规律；到在真实的语言文字运用情境中主动运用构字规律独立识字；再到通过归类已掌握的汉字，建立起有关汉字及认字的一般认识；最后将构字规律灵活迁移，运用至真实社会场景中。通过层层递进、环环相扣的系列学习活动，自然而然地引发学生对汉字本质的关注，汉字文化也在潜移默化中得以涵养。

展演任务为学生提供充分展示自己的舞台，在"识字档案"展演过程中，学生能根据字体的结构特点，交流"猜字谜""编儿歌""组一组"等各式各样的识字方法，又不仅仅限于汉字部件之间的组合与分解，还能从汉字的字源出发，分享汉字背后悠久的汉民族文化历史；也有学生依据汉字的结构理据，讲解自己了解到的每个构件的意义、功能及来源，据此建立起形、音、义之间的联系，辨析形近字，提高识字效率。

学生在"千'字'百态，'字'得其乐"识字比赛中的表现也可圈可点，充分展示了在真实情境中灵活迁移识字方法认识汉字"朋友"的能力。通过识字单元的学习，学生真正做到了在追根溯源识汉字的过程中，感受汉字魅力，传承汉字文化。

（三）反思"识字单元整合"与"大单元识字"落实中的亮点与不足

1. 整合学习内容，发挥学习单元整体功效，提高识字效率

关于学习内容的整合，以二年级下册第三单元为例，在走进"汉字博物馆"这一单元大情境任务的驱动下，学生先通过参观"汉字起源演变馆"，充分利用《"贝"的故事》这则学习资料，引导学生了解"贝"字的起源、演变过程、构字作用，感受偏旁与汉字之间的内在联系，发现汉字构成规律。在此基础上引导学生结合字形、字义，由"贝"字推衍开去，感受中国语言文字和中华文化的博大精深。接着把从《"贝"的故事》中习得的象形字、形声字构

字规律迁移运用到接下来的系列学习任务中，体验"汉字与美食文化""汉字与地理文化"及"汉字与节日文化"的巩固识字方法，运用识字规律，感悟中华文化。

通过整合学习内容，"以一带多"发挥学习单元整体功效，帮助学生从理解象形字、形声字的构字特点，到探究造字方式，再到运用构字规律识字，符合学生的认知规律和思维发展，从而帮助学生构建起井然有序的识字体系，学一个带一串，实现学生自主习得 1600 个生字的愿景。

2. 学习活动与评价工具的设计不够丰富多样，有待进一步开发

在"大单元识字教学"的实践过程中，因学习活动与评价工具的设计较为单一，学生创造性思维的发展因此受到一定的局限。以一年级下册第一单元为例，学生通过走进"汉字文化馆"，以课文为载体学习汉字与节日、生活、时令、姓氏的相关文化，在此过程中探索、梳理、尝试运用识字方法及构字规律，进而拓展迁移至生活中的真实场景，认知水平逐层升高，但学生积极性随着学习的深入有所下降。反思原因，学习活动与评价工具的设计有些单调乏味，如果大胆放手让学生创造汉字游戏，比如学习《春夏秋冬》时，鼓励学生设计汉字纸牌游戏单字牌、双字牌、任意牌；《姓氏歌》以拼字游戏来设计，通过拼字大闯关介绍姓氏，识记合体字；《小青蛙》借助玩具风车风叶围绕中心转的特点，融合对"青"字族等字族文的学习，玩转风车的同时探秘构字规律；《猜字谜》本身就是游戏，鼓励学生巧编字谜；让学生边玩边学，在亲身体验中逐步了解怎样根据汉字的不同特点设计汉字游戏，评价工具也随之进一步开发，无论形式还是内容，与学生共商共定，在学中评，在评中学，学评一体，让每位学生都能做最好的自己！

总之，今后我们会继续探索大观念引领下的大单元教学，努力建构高质量学科教学体系，以学习任务群为载体，帮助学生学有所获，达到应有学业成就水平的同时实现核心素养发展的进阶！

读书有方法，本本趣味多

——义务教育教科书小学《语文》第一学段整本书阅读

张　敏　荆瑞华　侯乐乐　王明霞[*]

一、制订基于核心素养的单元目标

整本书阅读是从整体上引导学生完整地阅读不同类型的书籍，综合多种阅读手段，围绕整部经典作品展开与作者、文本、教师、同伴对话。在统编教材"快乐读书吧"版块具体落实整本书阅读，旨在让学生多读书，读整本书，培养学生的阅读素养，养成良好的阅读习惯。第一学段的内容是故事性较强的绘本、童话故事，这些书以叙事为主且具有趣味性，符合低年龄段学生的学习需求。因此，这一学段整本书阅读定位为"乐读，会读"。在教学中，以学生自主阅读为主，引导学生了解阅读的多种策略，运用不同的阅读方法，建立读书共同体，交流读书心得，分享阅读经验。

（一）提炼单元大观念

1. 课程标准分析

《义务教育语文课程标准（2022年版）》对整本书阅读有具体的要求，不同学段对整本书阅读的要求各有不同，统观三个学段，对整本书阅读的要求大致如表1所示。

---

　*张敏　荆瑞华　侯乐乐，郑州中学第二附属小学教师；王明霞，郑州高新技术产业开发区尚文中学，中小学高级教师。

表1　整本书阅读要求

维度	第一学段（1—2年级）	第二学段（3—4年级）	第三学段（5—6年级）
学习方式	尝试阅读整本书，用自己喜欢的方式向他人介绍读过的书。养成爱护图书的习惯	阅读整本书，初步理解主要内容，主动和同学分享自己的阅读感受	阅读整本书，把握文本的主要内容，积极向同学推荐并说明理由
学习内容	（1）阅读富有童趣的图画书等浅易的读物，体会读书的快乐。 （2）阅读、朗诵优秀的儿歌集，感受儿歌的韵味和童趣。 （3）阅读自己喜欢的童话书，想象故事中的画面，学习讲述书中的故事	（1）阅读表现英雄模范事迹的图书，讲述英雄模范的动人故事。 （2）阅读儿童文学名著，感受作品传达的真善美，用自己喜欢的方式讲述故事大意。 （3）阅读中国古今寓言、中国神话传说等，学习其中蕴含的智慧，口头或书面分享自己获得的启示	（1）阅读反映革命传统的作品，讲述自己感受的家国情怀和爱国精神。 （2）阅读文学、科普、科幻等方面的优秀作品，学习梳理作品的基本内容，针对作品中感兴趣的话题展开交流。 （3）梳理、反思小学阶段的阅读生活，运用口头或书面方式，与同学分享自己整本书阅读的经历、体会和阅读方法

　　从表1可见，小学阶段对学生整本书阅读的方式和内容有一定的要求，重在培养学生对整本书阅读内容的理解及分享，同时还提出要养成爱护图书的习惯。但是侧重点不同，"用自己喜欢的方式向他人介绍读过的书"（第一学段）；"初步理解主要内容，主动和同学分享自己的阅读感受"（第二学段）；"把握文本的主要内容，积极向同学推荐并说明理由"（第三学段）。由此可见，整本书读完要进行不同形式的介绍或分享，就第一学段而言，不拘泥于方式，乐于向他人介绍即可，对于学生也就是一个从输入到输出的读书过程。

　　2. 教材分析

　　（1）相关教材内容梳理。

　　小学阶段，"快乐读书吧"涉及每一册书，共12个"快乐读书吧"，内容包括歌谣、童话、寓言、神话、小说等不同的文学体裁。第一学段整本书阅读内容多为短篇儿童文学作品，目的在于激发学生的阅读兴趣。因此，通过整本书的阅读教学，使学生爱读、会读、深读整本书，进而提升语文核心素养。第一学段整本书阅读内容见2。

表2　第一学段整本书阅读内容

学习单元	学习主题	书籍类型	书目推荐
一年级上第一单元	读书真快乐	故事书、图画书	《和大人一起读》

学习单元	学习主题	书籍类型	书目推荐
一年级下 第一单元	读童谣和歌谣	童谣、儿歌	《读读童谣和儿歌》
二年级上 第一单元	读童话故事	短小的童话 故事	《小鲤鱼跳龙门》《"歪脑袋"木头桩》《孤独的小螃蟹》《小狗的小房子》《一只想飞的猫》
二年级下 第一单元	读儿童故事	简单的儿童 故事	《神笔马良》《七色花》《一起长大的玩具》《愿望的实现》《大头儿子和小头爸爸》

（2）教材内容整合分析。

通过对小学语文第一学段四个"快乐读书吧"整本书阅读内容的梳理，我们发现，整本书阅读的主题和内容都是从"快乐"出发，重点是激发学生读书兴趣，培养学生读书习惯。

一年级上册通过四张非连续性图画，内容分别指向阅读方式、阅读成效、阅读途径、阅读期待；一年级下册以朗朗上口的童谣、儿歌为主，并配有精美的插图，趣味性强，适合学生在家长、教师或者同伴的帮助下进行阅读，培养良好的阅读习惯。同时，要培养学生围绕阅读内容和阅读收获进行交流分享的能力。二年级开始着重引导学生读童话这一类型的书籍，发挥想象力读童话，书中推荐的童话都是中国优秀的儿童文学作品，故事新奇有趣，文字浅显易懂。要引导学生通过书名及插图猜测故事主人公和情节再进行阅读，激发学生阅读兴趣，同时也渗透读书的策略和方法。

3. 学情分析

一年级学生虽有过阅读的经历，但因为识字量有限，拼音尚未学习掌握，所以自主阅读能力欠缺，阅读方式主要以学生和家长、教师、同伴一起共读为主。作为阅读的起始阶段，主要是激发学生阅读兴趣，让儿童乐于阅读、享受阅读。此阶段学生的难点是用自己喜欢的方式愿意向他人介绍自己读过的书。

二年级的孩子正处于从图画书阅读向整本书阅读过渡的重要阶段，充分结合童话的文体特点及低年级儿童的思维发展水平，借助童话类书籍的阅读，助力儿童顺利开启整本书阅读的美妙之旅。此阶段学生的阅读难点是注重提取整本书中所蕴含的关键信息，形成完整地、清晰地讲述书中故事的能力。

因此，第一学段整本书阅读定位"乐读，会读"。阅读是快乐的体验，故事中的情节有趣，读起来是快乐的，和同学、家人分享是快乐的。建立在快乐基础上的阅读，才能保持学生对阅读的热情。在此基础上，阅读整本书还需要掌握一定的读书方法，形成自主读书的意识。因此，单元的大观念确定为：读书有方法，本本乐趣多。

（二）建构单元知识结构

单元知识结构如图 1 所示。

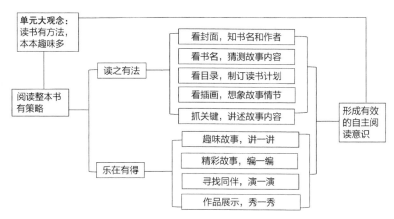

图 1　单元知识结构

（三）表述单元目标

（1）根据已有的读书经验选择喜欢的书籍，结合推荐书目及书本的组成部分，制订阅读计划，开展整本书阅读活动。

（2）通过阅读不同类型的书籍，归纳阅读整本书的一般方法，形成自主阅读的意识。

①通过已有的读书经验，能够建立有关整本书阅读的一般认识。

②通过阅读书籍封面及故事内容提取文本信息，归纳出阅读整本书的一般方法。

（3）在真实的读书情境中，运用读书方法，建立读书共同体，选择共同喜欢的故事，多种形式展示阅读成果。

二、创设学习情境和评价任务

（一）学习情境

池塘春草绿，读书正当时。读一本好书，能启迪我们的智慧；读一本好书，能净化我们的心灵。我们即将开启读书之旅，书中有很多故事等待你来分享给大家，请选择合适的读书方式，在书中遨游，并选出喜欢的故事讲给大家听一听吧！读书结束后，我校将举行以"阅读悦美　乐在其中"为主题的第四届校园读书节汇报展演活动。举行活动时，请共读一本书的学生自由结合，建立读书共同体，选择共同喜欢的故事，以讲一讲、演一演、秀一秀等多种形式汇报展示读书成果。

（二）评价任务

评价任务如图 2 所示。

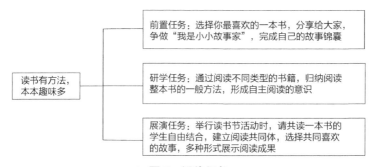

图 2　评价任务

课时总体规划：

一年级上册第一单元：前置任务占 1 课时，研学任务占 2 课时，展演任务占 1 课时，共 4 课时。

二年级上册第一单元：前置任务占 1 课时，研学任务占 2 课时，展演任务占 1 课时，共 4 课时。

三、设计学习活动方案

（一）前置任务

同学们，腹有诗书气自华！一本好书，如良师，循循善诱；一个好故事，如泉水，滋润心灵。请以小组为单位，选择你读过的最喜欢的一本书，把精彩的故事分享给大家，争当"我是小小故事家"，完成属于自己的故事锦囊吧。

（二）研学任务

引导学生选择书目，制订阅读计划，归纳阅读整本书的方法，运用读书方法共同阅读，展示阅读成果，一年级上册第一单元样例如表3所示。

表3　一年级上册第一单元样例

基本问题：阅读整本书的策略有哪些?

单元目标	课时目标	学习问题	学习活动
（1）根据已有的读书经验选择喜欢的书籍，结合推荐书目及书本的组成部分，制订阅读计划，开展整本书阅读活动。	第1课时： 结合已有的读书经验，初步形成有关整本书阅读的一般认识	如何阅读整本书?	**任务1：交流故事锦囊，初步认识大观念。** 同学们可以依据大家讲述的故事，完成自己的故事锦囊，请小组之间共同合作： （1）围绕自己喜欢的书本展开组内讲故事活动，同时提出自己的问题或困惑。 （2）带着问题或困惑，梳理有关阅读整本书的一般认识
（2）通过阅读不同类型的书籍，归纳阅读整本书的一般方法，形成自主阅读的意识。 （3）在真实的读书情境中，运用读书方法，建立读书共同体，选择共同喜欢的故事，多种形式展示阅读成果	第2课时： 通过已有的读书经验，能够形成有关整本书阅读的一般认识。 第3课时： 通过阅读书籍封面及故事内容，提取文本信息，归纳出阅读整本书的一般方法	阅读整本书的策略有哪些?	**任务2：提前规划整本书，初步梳理读书策略。** 学校读书节活动即将开始，为了更好地参与读书展演，请你提前做好读书规划： （1）选择合适的读书方式，同伴交流阅读经历，并分享阅读书目。 （2）认识书本的组成部分。 （3）根据图书目录，制订简单的阅读记录卡。 小组合作，交流阅读感受，初步梳理阅读整本书的策略

单元目标	课时目标	学习问题	学习活动
（1）根据已有的读书经验选择喜欢的书籍，结合推荐书目及书本的组成部分，制订阅读计划，开展整本书阅读活动。 （2）通过阅读不同类型的书籍，归纳阅读整本书的一般方法，形成自主阅读的意识。 （3）在真实的读书情境中，运用读书方法，建立读书共同体，选择共同喜欢的故事，多种形式展示阅读成果	第2课时： 通过已有的读书经验，能够形成有关整本书阅读的一般认识。 第3课时： 通过阅读书籍封面及故事内容，提取文本信息，归纳出阅读整本书的一般方法。	阅读整本书的策略有哪些？	**任务3：读书有方法，总结小妙招。** 最是书香能致远，腹有诗书气自华。你有哪些读书小妙招，小组合作，互相交流，梳理方法。 小组合作，共同梳理总结读书的一般方法及规律。 （1）看封面，找信息。 （2）看书名，猜故事。 （3）看插图，讲故事
			活动4：巧用读书小妙招，多种方法共分享。 我们在课内、课外已读了很多故事，选择喜欢的故事分享给大家，丰富自己的故事锦囊。 （1）主动分享喜欢的故事，争做"我是小小故事家"。 （2）选择听到的故事，丰富自己的故事锦囊
			任务5：尝试运用读书策略，完善故事锦囊。 本单元所学的读书策略一定给你带来不小的收获，快用这些读书小妙招完善一下你的故事锦囊吧： （1）依据读书策略完整、清晰地讲述故事。 （2）将班级其他同学分享的精彩故事补充至自己的故事锦囊中吧
	第4课时： 在真实的读书情境中，运用读书方法，建立读书共同体，选择共同喜欢的故事，多种形式展示阅读成果		**任务6：读书展演我做主，乐于分享趣味多。** 读书节展演活动开始了，请共读一本书的学生自由结合，建立阅读共同体，选择共同喜欢的故事，运用多种形式展示阅读成果

二年级上册第一单元样例如表4所示。

表4 二年级上册第一单元样例

单元目标	课时目标	学习问题	学习活动
		基本问题：阅读整本书的策略有哪些？	
（1）根据已有的读书经验选择喜欢的书籍，结合推荐书目及书本的组成部分，制订阅读计划，开展整本书阅读活动。 （2）通过阅读不同类型的书籍，归纳阅读整本书的一般方法，形成自主阅读的意识。 （3）在真实的读书情境中，运用读书方法，建立读书共同体，选择共同喜欢的故事，多种形式展示阅读成果	第1课时： 结合已有的读书经验，初步形成有关整本书阅读的一般认识	如何阅读整本书？	**任务1：交流童话故事锦囊，初步认识大观念。** 同学们可以依据大家讲述的故事，完成自己的童话故事锦囊，请小组之间共同合作： （1）围绕自己喜欢的书本展开组内讲故事活动，同时提出自己的问题或困惑。 （2）带着问题或困惑，梳理阅读整本书的一般认识
	第2课时： 通过已有的读书经验，能够形成有关整本书阅读的一般认识	阅读整本书的策略有哪些？	**任务2：提前规划整本书，初步梳理读书策略。** 学校读书节活动即将开始，为了更好地参与读书展演，请你提前做好读书规划： （1）选择合适的读书方式。同伴交流阅读经历，并分享阅读书目。 （2）认识书本的组成部分。 （3）根据书本目录，制订简单的阅读记录卡。 小组合作，交流阅读感受，初步梳理阅读整本书的策略
	第3课时： 通过阅读书籍封面及故事内容，提取文本信息，归纳出阅读整本书的一般方法		**任务3：读书有方法，总结小妙招。** 最是书香能致远，腹有诗书气自华。阅读整本童话书你有哪些小妙招？小组合作，互相交流，梳理方法。 梳理总结阅读整本童话书的一般方法及规律。 （1）看封面，寻找信息。 （2）看书名，猜测内容。 （3）看目录，制订计划。 （4）看插图，预测情节。 （5）抓关键，讲述故事
			任务4：巧用读书小妙招，多种方法共分享。 童话世界无奇不有，我们读过了很多童话故事，请选择你喜欢的童话故事分享给大家，丰富自己的童话故事锦囊。 （1）主动分享喜欢的童话故事，争做"我是小小故事家"。 （2）选择听到的童话故事，丰富自己的童话故事锦囊

单元目标	课时目标	学习问题	学习活动
（1）根据已有的读书经验选择喜欢的书籍，结合推荐书目及书本的组成部分，制订阅读计划，开展整本书阅读活动。 （2）通过阅读不同类型的书籍，归纳阅读整本书的一般方法，形成自主阅读的意识。 （3）在真实的读书情境中，运用读书方法，建立读书共同体，选择共同喜欢的故事，多种形式展示阅读成果	第 3 课时： 通过阅读书籍封面及故事内容，提取文本信息，归纳出阅读整本书的一般方法	阅读整本书的策略有哪些？	**任务 5：尝试运用读书策略，完善故事锦囊。** 本单元所学的读书策略一定给你带来不小的收获，快用这些读书小妙招完善一下你的童话故事锦囊吧。 （1）依据读书策略完整、清晰地讲述童话故事。 （2）将班级其他同学分享的精彩故事补充至自己的童话故事锦囊
	第 4 课时： 在真实的读书情境中，运用读书方法，建立读书共同体，选择共同喜欢的故事，多种形式展示阅读成果		**任务 6：读书展演我做主，乐于分享趣味多。** 读书节展演活动开始了，请共读一本书的学生自由结合，建立阅读共同体，选择共同喜欢的童话故事，运用多种形式展示阅读成果

（三）展演任务

同学们，最是书香能致远，读书之趣乐无穷。在整本书阅读的读书活动中，大家根据阅读书目，制订了阅读计划，依托阅读方法，完成了自己的阅读任务。读书节展演活动就要开始了，请共读一本书的学生自由结合，建立阅读共同体，选择共同喜欢的故事，以讲一讲、演一演、秀一秀等多种形式展示阅读成果，期待每位同学都能在展演大会上一展风采！

四、研制评价量表

根据单元学习目标，围绕前置任务、研学任务和展演任务，本单元共设计了三组评价量表。前置任务评价量表针对学生的分享内容和表现力情况进行评价，共分 A、B、C 三个等级。研学任务评价量表针对学生的提取文本信息、讲故事进行评价，共分 A、B、C 三个等级。展演任务在"阅读悦美　乐在其中"校园读书节的活动情境中进行，从学生的讲故事、演故事、秀作品三个方面进行评价，共分 A、B、C 三个等级，由学生作为评价主体进行评价。

（一）前置任务评价量表

"前置任务"评价量表如表5所示。

表5 "前置任务"评价量表

维度	评价等级标准		
	A	B	C
分享内容	能借助插图、关键词句完整讲述故事；趣味性强；条理清晰，表达流畅	能借助插图讲述故事，内容基本完整但趣味性不强，条理基本清晰，表达基本流畅	不能借助插图、关键词句讲述故事；故事内容不完整，无趣味性；语言表达不清，言行拘谨
表现力情况	表情自然，声音响亮，有丰富的肢体动作	表情较为拘谨，声音较为响亮，有简单的肢体动作	无表情，声音较小，无肢体动作

（二）研学任务评价量表

"课堂表现"评价量表如表6所示。

表6 "课堂表现"评价量表

维度	评价等级标准		
	A	B	C
自读情况	能根据阅读内容合理安排读书计划，读书方式选择恰当，自读效果较好，能在规定时间读完一本书	能根据阅读内容安排阅读计划，自主阅读效果不佳。读书方式欠佳，只能读完一本书的三分之二	能根据阅读内容安排阅读计划，无读书方法，整本书不能按时读完，只读完三分之一
小组合作	能认真倾听，小组之间讨论热烈，积极参与阅读分享，并能说出读书感受	能较为认真地倾听、讨论，积极性欠佳，与人交流不积极，不能主动与人交流读书感受	不能专注倾听，读书交流积极性不高，不愿与人交流读书经验
听讲情况	能积极和教师互动读书感受，认真倾听，主动质疑	不能主动和教师互动交流读书感受，倾听能力欠佳，不能主动发表自己的读书看法	能和教师偶尔互动交流读书感受，倾听能力欠佳，不喜欢发表自己的看法

（三）展演任务评价量表

"阅读悦美 乐在其中"汇报展演任务评价量表如表7所示。

表7 "阅读悦美 乐在其中"汇报展演任务评价量表

维度	评价等级标准		
	A	B	C
讲故事	能借助插图、关键词句完整讲述故事；趣味性强；条理清晰、表达流畅；有丰富的肢体动作	能借助插图讲述故事，内容基本完整，但趣味性不强；条理基本清晰、表达基本流畅；有简单的肢体动作	不能借助插图、关键词句讲述故事；故事内容不完整，无趣味性；语言表达不清，声音较小；言行拘谨，无肢体动作
演故事	主题突出，剧本有创意，内容积极向上，语言生动有感染力，动作恰当、表演自然。演出服装符合作品主题	主题突出，剧本有创意，内容积极向上，表现力不足。演出服装符合作品主题	主题不够突出，剧本有创意，剧情内容积极向上，吐字含糊不清，表情木讷、表演拘谨
秀作品	主题鲜明，所有文字和图画均能紧扣读书主题。图文并茂，画面丰富完整、美观	主题较为鲜明，所有文字和图画基本能紧扣读书主题，画面基本完整	主题不鲜明，文字和图画不能紧扣读书主题。画面不太完整，不美观

五、作业设计样例

读书节展演会

——二年级上册第一单元

每年的4月23日是"世界读书日"。古人云："最是书香能致远，腹有诗书气自华。"历经1个月的读书节，让我们一起参加读书节展演会，体会童话带给我们的乐趣吧！

（一）"阅读悦美 乐在其中"故事交流会

讲童话故事，品童话之美。随着积累的童话故事越来越多，同学们兴致盎然地遨游在异彩纷呈的童话世界中。请大家打开想象的翅膀，感受故事的悲欢，请你选择以下童话故事，化身故事中的人物，根据下面的提示，在班级内召开故事交流会，选取其中感兴趣的内容讲一讲故事中的精彩瞬间。

1. 说一说这些故事的主人公，尝试说一说他们给你留下了什么印象？

2. 说一说这些故事中的精彩情节。

《小鲤鱼跳龙门》❶　　　　　《一只想飞的猫》❷

《小狗的小房子》❸　　　　　《"歪脑袋"木头桩》❹

（二）"阅读悦美　乐在其中"演出俱乐部

演经典童话，展童话魅力。绘声绘色，妙语连珠，当童话遇上童年，当幻想邂逅孩子，一切美好都在悄然发生。近期我们所读故事中的小鲤鱼、小猫……童话形象个性鲜明，请你寻找同伴，选择喜欢的故事和人物，演一演精彩的故事，和故事中的主人公一起绽放吧。

注意：开演前，组内要合理分工，认真排练。

我来当导演，我能组织排练……

我来做编剧，我能选好剧本……

---

❶ 金近. 小鲤鱼跳龙门 [M]. 北京：人民教育出版社.

❷ 陈伯吹. 一只想飞的猫 [M]. 北京：人民教育出版社.

❸ 陈幼军. 小小狗的小房子 [M]. 北京：人民教育出版社.

❹ 严文井. "歪脑袋"木头桩 [M]. 北京：人民教育出版社.

（三）"阅读悦美 乐在其中"作品征集会

画童话人物，绘童话世界。童话中的主人公个性鲜明，形态逼真，神秘的人物，有趣的故事，无限的梦幻，都在童话世界里精彩上演。请你用神奇的画笔和材料绘制出各式各样的精美人物及故事情节。

六、教学设计反思

（一）为何要"整本书阅读"

义务教育教科书小学《语文》"快乐读书吧"的安排，是对小学整本书阅读落实的有效路径。通过整本书阅读的学习，学生围绕整本书为何读、如何读、如何评等问题展开，学生深入地了解整本书阅读的一般策略，最终形成自主阅读整本书的意识。第一学段的内容是故事性较强的绘本、童话故事，这些书以叙事为主且具有趣味性，符合低年龄段学生的学习需求。因此，这一学段整本书阅读定位为"乐读，会读"。基于此，对于这一学段整本书阅读单元大观念定为"读书有方法，本本趣味多"。

（二）如何"整本书阅读"

1. 形成"课前导读＋课中推进＋课后展示"的读书路径

学生进行整本书的阅读过程分为三个环节：课前导读，课中推进，课后展示。课前导读，以争做"我是小小故事家"，让学生交流阅读经历，以享受阅读的乐趣为出发点，初步建立整本书阅读的大观念。接着通过分享丰富的故事锦囊，激发学生阅读的兴趣，让他们对即将开始的阅读旅程充满期待。读中推进，主要是给学生提供展示的舞台，与他人分享阅读中的趣事，或共读、自读带来的美好体验，提高阅读兴趣，并对自己的故事锦囊进行完善。课后展示，开展读书节汇报展演活动，包括寻找同伴、角色扮演、作品展示。读书节汇报展演过程中，学生能根据整本书阅读的方法，很好地进行整本书阅读，在整个阅读中起到一个升华的作用，实现学生从阅读输入到输出，进一步让学生体验阅读的乐趣，爱上阅读。

2. 注重第一学段间的不同之处，形成自主阅读整本书的意识

（1）初步阅读整本书，形成乐趣是关键。

在整个教学设计中，第一学段整本书阅读的关键点稍有不同。一年级是让学生能够感受阅读带来的多维度快乐，在图画中寻找乐趣，在语言中感受乐趣，在解谜中体验乐趣，还有在共情中体会乐趣。只有充分地感受阅读的快乐，学生才能从内心喜欢阅读，爱上阅读。但学生也存在困难点，阅读是一个长期的、阶段性的过程，需要教师的不断跟踪，实时了解每个学生在校内、校外阅读的书目、阅读的时长、阅读的体验。同时刚入学的学生年龄小，识字量少，阅读起来有一些困难。和别人分享也因为年龄小、口语表达能力较弱等原因，不能完整流畅讲出阅读收获。通过学习，学生掌握了一定的阅读方法，感受到亲子间共读、同伴间互读及自读时带来的快乐，激发了阅读的兴趣。

（2）童话阅读有针对，策略阅读有方法。

二年级推荐学生阅读童话故事，主要是以简短有趣的童话故事激发学生阅读兴趣，渗透阅读习惯培养、阅读方法指导。阅读指导方式也进行了改变，教师选取教材推荐的一本书进行细致指导，带动学生自主阅读其他书目，以期提升学生整本书阅读力。

①激趣"启动"，策略指导。课前导读的启动课目的在于引发学生对将要读的书籍的阅读期待。教会学生关注封面信息，再出示教材推荐阅读的其他四本书的封面，让学生任选一本，说说从封面上发现的信息，引导学生认识到这些信息的重要性，再让学生借由书名、插图、故事开头猜测故事内容，激发学生对阅读产生兴趣。组织学生自己或几个人协同完成阅读计划的制订，并根据自己的计划逐步完成阅读，并养成爱护图书的好习惯。

②方法"跟进"，精读深入。读整本书的过程就像长跑，而跟进课就是长跑中的能力补给站。"读读童话故事"是学生第一次阅读比较长的故事，这些故事大多是以时间为线索，故事中出现比较多的人物，具体活动是：交流阅读进度和执行阅读计划表的情况；展示阅读记录卡，与同学分享自己的阅读收获；借助书中插图绘制情节图，练习讲故事。利用形象化的插图给学生搭建"讲故事"的支架，降低了学生的学习难度。

③快乐"分享"，拓展延伸。有效的阅读是读者联系已有的知识经验，不断建构作品意义的过程。虽是共读同一部作品，但不同的学生往往会有不同的

理解与感悟。分享成果主要是以"精彩片段读一读""有趣故事讲一讲""童话剧场演一演"等展示学生的阅读收获，既让文本"活"起来，又让表达"活"起来，从而让学生更加深入地体会文学作品的内涵，感受其中人物的特点。为了保持学生持续性的阅读兴趣，继而进行"荐书小能手"和"爱书小明星"的评选活动，实现快乐阅读的目的。

（三）"整本书阅读"单元设计中的落实与不足

1. 再次梳理大观念，单元设计整合性有待提高

与单篇文章阅读相比，整本书阅读的优势是促进学生综合能力的提升，但对于学生阅读量大、阅读周期长等具有很大挑战。如一年级学生刚刚步入小学，从最初父母读过渡到自己读，并且要有方法的去阅读整本书，还要读后有一定的感受，这对于一年级学生来说着实有一定难度。

2. 创设真实情境，设计学习任务群

任务之间的进阶性有待加强，在组织教学活动时，教师比较注重创设阅读情境，设计阅读任务，增强学生阅读兴趣，但整合后的任务情境较多，不利于培养学生的高阶思维。

回顾整个单元教学设计，在"读书有方法，本本趣味多"这一大观念的引领下，以丰富故事锦囊为抓手，通过前置、研学、展演系列学习活动，引导学生关注整本书阅读的本质，从建立读本书阅读策略的一般认识，到迁移运用到真实读书情境中，目标层层递进，活动环环相扣，整个单元的建构符合学生的认知规律和思维发展。

会表达，善倾听

——义务教育教科书小学《语文》四年级下册口语交际

宫园园　赵荣荣　付　玉　王明霞[*]

一、制订基于核心素养的单元目标

口语交际是人一生中必须具备的重要能力，对学生的语文学习和日常生活具有举足轻重的作用。《义务教育语文课程标准（2022年版）》对口语交际的总目标是："学会倾听与表达，初步学会用口头语言文明地进行人际沟通和社会交往。"研读学段目标，我们对教材内容化零为整，先解构，再建构，梳理出本册口语交际的要点是：倾听时能够有效筛选、判断信息并做出准确应对；表达时要有主题，说完整，有情感，能借助语调、手势等增强表达力和感染力。结合学情分析，确定大观念为"会表达，善倾听"。围绕单元大观念，抓关键，析要素，明关系，结应用，建构本单元的知识结构图。基于此，逆向推导出单元目标，最终指向学生运用所学的交际方法，结合学习经验和生活经验解决日常生活中的问题。

（一）提炼单元大观念

1.课程标准分析

（1）相关课程标准摘引。

①乐于用口头、书面的方式与人交流沟通，愿意与他人分享，增强表达的自信心。

②用普通话交谈，学会认真倾听，听人说话时能把握主要内容，并能简要

*宫园园　赵荣荣　付玉，郑州中学第二附属小学教师；王明霞，郑州高新技术产业开发区尚文中学，中小学高级教师。

转述。能就不理解的地方向人请教，就不同的意见与人商讨。

③能清楚明白地讲述见闻，说出自己的感受和想法。讲述故事力求具体生动。能主动参与日常生活中的文化活动，根据不同的场合，尝试运用合适的音量和语气与他人交流，有礼貌地请教、回应。

（2）课程标准分析。

结合第二学段口语交际的目标和内容，四年级下册的口语交际将"乐于在班级活动中交流展示，能根据需要用普通话交谈，认真倾听，把握对话的主要内容并简要转述；能按照一定的顺序讲述见闻，说出自己的感受和想法；能尝试根据语文学习经验和生活经验解决日常生活中的问题"作为学业质量标准。

由此可以得知，在口语交际中，口语是手段，交际是目的，听与说是核心能力。同时，还要注意引导学生根据真实情境进行得体、适宜的表达。总之，口语交际需要整体考虑交际情境、交际话题、交际对象、交际要点及交际品质。

2. 教材分析

小学第二学段四年级下册的口语交际共四个单元，具体内容分析如表1所示。

表1　口语交际内容

口语交际	交际主题	交际内容	交际要素
四年级下 第一单元	转述	根据情境，联系实际生活，分小组进行转述。转述事情，一定要记住要点。如果需要转述的内容没弄清楚，要想办法确认。还可以联系生活中的其他情境，和同学一起练一练	（1）弄清要点，转述时不要遗漏主要信息。 （2）注意人称的转换
四年级下 第二单元	说新闻	在你最近了解的新闻中，选一则感兴趣的和同学交流。要说明新闻的来源，把新闻讲清楚，不要随意更改内容。最后，还可以说一说自己对这则新闻的看法	（1）准确传达信息。 （2）清楚、连贯地讲述
四年级下 第六单元	朋友相处的 秘诀	和朋友相处，最重要的是什么？有人认为，是彼此信任；有人认为，是愿意分享，不自私……你的看法是什么呢？分小组讨论，至少提出3条大家认为最重要的意见	（1）根据讨论的目的记录重要信息。 （2）分类整理小组的意见，有条理地汇报
四年级下 第七单元	自我介绍	和别人初次见面，转学到新学校，应聘校报记者……我们常常需要向别人作自我介绍。面对不同的情况，自我介绍也应该有所不同。选择或创设一个情境，试着作自我介绍。介绍前，想一想是要向谁介绍自己，介绍自己的目的是什么，介绍时需要注意些什么	对象和目的不同，介绍的内容有所不同

通过对小学《语文》第二学段四年级下册四个口语交际内容的梳理，可以发现本册书的四个口语交际分别指向不同情境下的表达与倾听，直指学生有关语言运用的核心素养。教材编排的四次口语交际，每次话题不同，都贴近学生的生活实际，让学生能够在"真实"的情境中学习口语交际的方法，培养良好的口语交际习惯，提升口语交际的能力。

这四次口语交际，第一、二、七单元，话题和目标是融为一体的，第六单元的话题不是目标，而是落实学习目标的载体。无论是哪种关系，教材提供的具体话题情境都是可以更换的，或者说从具体的情境中习得的方法、能力是应该能够迁移的。例如，第六单元的学习目标，不是为了讨论清楚"朋友相处的秘诀"，而是学会围绕任何一个话题讨论时都能做到：根据讨论的目的记录重要信息，并分类整理小组的意见，有条理地汇报。简单地讲，就是要用话题学交际，而不是学习话题本身。

3. 学情分析

四年级学生对于口语交际已经有了一定的基础，能养成说普通话的习惯并具备一定的表达交流的自信心。在倾听时，能认真听他人讲话，努力了解讲话的主要内容。听故事、看影视作品，能复述大意和自己感兴趣的情节。能较完整地讲述小故事，能简要讲述自己感兴趣的见闻。与他人交谈，态度自然大方，有礼貌。积极参加讨论，敢于发表自己的意见。与此同时，学生也存在这样的问题：面对不同情境不能灵活应对，规范表述的能力有所欠缺。

在学习本册书的口语交际时，学生听人说话时能把握主要内容，并能简要转述。能就不理解的地方向人请教，就不同的意见与人商讨。在讲述见闻时能做到清楚明白，并能说出自己的感受和想法。讲述故事力求具体生动。向他人请教，对他人做出回应时要有礼貌。

基于对课程标准相关内容、教材、学情的分析，确定本单元的大观念为：会表达，善倾听。

（二）建构单元知识结构

单元知识结构如图 1 所示。

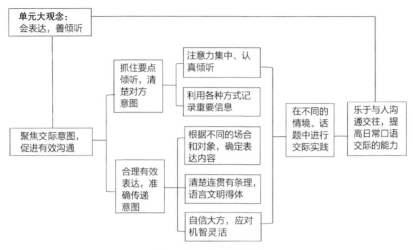

图 1 单元知识结构

（三）表述单元目标

（1）通过四次口语交际学习，有与他人分享交流的意愿，具备表达的自信心。

（2）通过四个口语交际的情境练习，归纳有效表达与倾听的方法。

①认真倾听，能把握对话的主要内容。

②通过学习转述、讲述见闻、汇报等内容，能够清楚、连贯、有条理地表达。

③能根据场合、对象、目的的不同，机智灵活地应对。

（3）能尝试根据归纳的有效表达与倾听的方法，解决日常生活中的问题。

二、创设学习情境和评价任务

（一）学习情境

明媚时光催奋进，和美少年展风采。本学期我们将通过"转述""说新闻""朋友相处的秘诀""自我介绍"四次口语交际的学习，发现更好地与人交流沟通的奥秘，也会助力你更好地展示自己！学期末，学校会评选"和美少年"，亲爱的同学们，在你成长为和美少年的过程中，一定有很多值得驻足的瞬间，请你用音频、视频、图文等方式，制作你的"成长纪念册"。本学期的"和美少年"竞选活动，将从自我介绍、讲个人成长故事、现场答辩三个方面来综合考量学生的风采。期待你的表现！

（二）评价任务

评价任务如图2所示。

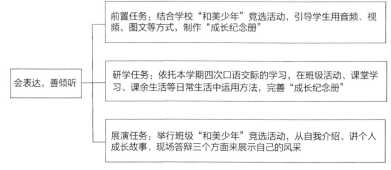

图2　评价任务

课时总体规划：前置任务占1课时，研学任务占5课时，展演任务占1课时，共7课时。

三、设计学习活动方案

（一）前置任务

轻盈的时光缓缓流过，成长的足迹深深留下。亲爱的和美学子，本学期学校会评选"和美少年"，在你成长为和美少年的过程中，一定有很多值得驻足的成长瞬间。成长是你自信满满登上领奖台的那份喜悦；成长是你拼尽全力冲向终点线的那份毅力；成长是你主动帮父母做家务的那份担当……请你用音频、视频、图文等你擅长的方式，制作你的"成长纪念册"。

（二）研学任务

通过口语交际学习，引导学生主动与他人交流，归纳有效表达和倾听的方法，并运用这些方法去解决日常生活的问题。具体如表2所示。

表2 成长纪念册

基本问题：如何有效地表达与倾听？			
单元目标	课时目标	学习问题	学习活动
（1）通过四次口语交际的学习，有与他人分享交流的意愿，具备表达的自信心。 （2）通过四个口语交际的情境练习，归纳有效表达与倾听的方法。 （3）能尝试根据归纳的有效表达与倾听的方法，解决日常生活中的问题	第1课时： 通过梳理交际话题和交际要点，初步建立关于有效沟通的一般认识	在梳理交际话题和交际要点的过程中，你有什么发现吗？	任务1：交流"成长纪念册"，提炼单元大观念。 同学们在力争成为"和美少年"的过程中，都初步制作了属于自己的成长纪念册，请同学们小组合作： （1）围绕"和美少年"评选方案展开讨论，说出努力方向，汇总制作成长纪念册的方法。 （2）整体阅读四个口语交际，梳理交际话题和交际要点，归纳"和美少年"展示活动的评价标准。 （3）完善阶段性成长纪念册
	第2课时： 能把握对话的主要内容，并简要转述	如何抓住要点转述？	任务2：明确转述要点，促进有效沟通。 在生活中，我们经常需要把一些事情转述给别人。如果转述不当，就会产生误会。如何才能转述清楚呢？让我们一起开启今天的交际话题。请同学们完成以下学习任务： （1）研读课本内容，结合课文所提供的转述情境，归纳转述的要点。 （2）联系生活实际，分小组练习。 （3）完善阶段性成长纪念册
	第3课时： 能按照一定的顺序讲述见闻，说出自己的感受和想法	如何清楚连贯地讲述见闻？	任务3：知道讲述要领，加强交际能力。 博闻世事而先行，广知天下而后立。信息时代，我们通过报纸、电视、广播、网络等方式，会看到或听到各种各样的新闻。如何把你的见闻清楚连贯地讲述给大家？请同学们完成以下学习任务： （1）研读课本内容，结合生活实际，归纳讲述见闻的要点。 （2）利用课前收集的新闻，依据要点，分小组展开交流。 （3）完善阶段性成长纪念册

单元目标	课时目标	学习问题	学习活动
（1）通过四次口语交际的学习，有与他人分享交流的意愿，具备表达的自信心。 （2）通过四个口语交际的情境练习，归纳有效表达与倾听的方法。 （3）能尝试根据归纳的有效表达与倾听的方法，解决日常生活中的问题	第4课时：能主动参与讨论，根据讨论目的记录重要信息，有条理地汇报	如何有条理地表达？	**任务4：记录抓关键，汇报有条理。** 日常交流中，针对交流话题，大家的观点也许会不尽相同。怎样才能更好地汇总小组意见并进行汇报呢？请同学们完成以下学习任务： （1）依据话题，研读课本内容，结合生活实际，归纳记录要汇报的要点。 （2）联系生活实际，分小组练习。 （3）完善阶段性成长纪念册
	第5课时：能根据对象和目的进行自我介绍	如何根据不同的场合灵活应对？	**任务5：对象目的要辨清，灵活应对有策略。** 基于不同的意图，我们常常需要向别人作自我介绍。面对不同的情况，我们该如何灵活应对呢？请同学们完成以下学习任务： （1）研读课本内容，结合生活实际，归纳自我介绍的要点。 （2）选择或创设一个情境，依据要点作自我介绍。 （3）完善阶段性成长纪念册

（三）展演任务

和美，是社会文明的基石；少年，是中华民族的希望。为深入挖掘学校班级中的榜样，充分发挥榜样的引领示范作用，我们将开展班级"和美少年"竞选活动。评选流程是：依据评价标准分小组选出1名"和美少年"候选人；候选人从自我介绍、讲个人成长故事、现场答辩三个方面展示个人风采，最终选出3名班级"和美少年"。

四、研制评价量表

根据单元学习目标，本单元共有三组评价任务。前置任务评价量表针对学生的收集内容、展示形式、呈现效果进行评价，共分A、B两个等级。研学任务评价量表针对学生的小组合作、倾听情况、表达情况进行评价，共分A、B、C三个等级。展演任务在竞选"和美少年"的活动情境中进行，从学生的自我介绍、成长故事、现场答辩三个方面进行评价，共分A、B、C三个等级。分别以个人回答和小组回答的答案确定等级，由同学作为评价主体进行评价。

（一）前置任务评价量表

"成长纪念册"评价量表如表 3 所示。

表 3　"成长纪念册"评价量表

维度	评价等级标准	
	A	B
收集内容	收集的内容符合本次活动主题且内容全面	有符合本次活动的内容
展示形式	形式新颖，能用不同形式进行展示	能用自己擅长的形式展示
呈现效果	内容呈现清晰完整且富有吸引力	内容呈现清晰

（二）研学任务评价量表

"课堂表现"评价量表如表 4 所示。

表 4　"课堂表现"评价量表

维度	评价等级标准		
	A	B	C
小组合作	明确自己的任务，能担负起自己的职责，乐于参与小组活动	能积极参与小组活动，完成分工	能参与小组活动
倾听情况	能抓住要点，对别人的发言进行评价	能做到认真倾听，抓住要点	能认真倾听
表达情况	清晰完整地表达自己的观点	能说出自己的观点	能在组员的帮助和教师的指导下表达自己的观点

（三）展演任务评价量表

"和美少年"竞选活动评价量表如表 5 所示。

表 5　"和美少年"竞选活动评价量表

维度	评价等级标准		
	A	B	C
自我介绍	自我介绍有条理，语言措辞优美，自信大方，展示方式新颖有创意	自我介绍缺乏条理，语言组织得体，表情自然	表述不清，言行拘谨
成长故事	讲述清楚连贯，转述人称准确，语言生动有感染力，自信大方，展示方式新颖有创意	讲述清楚，转述准确，语言平实，表情自然	讲述缺乏条理，转述人称有误，言行拘谨
现场答辩	应对机智，对答如流，汇报有条理，仪态自信	思路单一，汇报缺乏条理	言行拘谨，答非所问

五、作业设计样例

自我介绍

——四年级下册"口语交际"第五课时

生活中，我们常常需要向别人作自我介绍，针对不同的交际情境，基于不同的交际意图，介绍时应有不同的内容要点。请你认真阅读下列情境清单，选择其中一个交际情境，进行自我介绍。

1. 学期总结中的自我介绍

本学期已接近尾声，请你写一份学期自我总结。在总结中，你可以充分展示自己取得的成绩、个人品行等优势，以便跟同学们一起见证自己的成长。

2. 转学申请书中的自我介绍

你的家庭住址或父母单位变动，你需要转学。接收你的学校需要你的自我介绍。请你按要求写一份《自我介绍》，《自我介绍》是写给学校负责人看的。根据该校要求，你的《自我介绍》须凸显自己的入学优势。

3. 接待素未谋面的远方客人

父母委托你去家门口的车站接一位素未谋面的远方客人，你需要先在电话里介绍自己，接站时让他能够认出你。

作业名称	自我介绍
作业目标描述	能根据对象和目的进行自我介绍
作业内容描述	选定情境做对应的自我介绍
作业设计的主要知识点	能根据对象和目的进行自我介绍
预估完成时间	20 分钟
作业类型	○操作类　●实践类　○调查类　○探究类 ○查阅类　○整理类　○设计类　○研究类　○其他
作业完成要求	●独立完成　○小组合作完成
作业呈现形式	○调研报告　○小报　○小论文　○资料汇编　●作品展示

六、教学设计反思

　　人际交往中，口语交际是最重要的方式。为了激发学生学习口语交际的兴趣，提高学生学习的主动性和积极性，培养学生倾听、表达和应对能力，我们在设计时打破按教材编排顺序逐页推进的常规，从大单元的角度出发，根据四个口语交际不同知识点的需要，立足整体，通盘规划学习内容，对口语交际话题进行整合分析，最终提炼出"会表达，善倾听"的大观念。"会表达，善倾听"的大观念揭示了口语交际的本质，基于大观念的知识结构图，给学生提供了思维路径，打通了不同话题口语交际的关联。

　　口语交际的学习有别于其他常规课堂，重在互动体验，强调信息的互相往来。在本次口语交际教学设计的过程中我们遵循全员参与的原则，展示时全员倾听，评价时全员参与，形成一个小组练习、全班展演、全体互动的课堂形式，口语交际不仅练习倾听、练习表达、练习应对，还练习口语交际的态度，让学生"身入其境""感同身受"，更好地激发了学生交际的主动性，提高了学生的交际能力和交际水平。

　　本次口语交际设计的亮点是统筹评价任务，"前置任务""研学任务""展演任务"，使评价驱动教和学，体现"教—学—评"一致性。所有的任务均给学生提供认知背景，促进意义构建，由问题引导，让学生未学先做，实现由境到情，触"境"生"情"。

　　在本次教学设计中我们也遇到了一些困难，如：在四个不同话题的口语交际中找到关联进行整体架构，提炼出适切的大观念，并将一系列的学习活动创建在一个真实的大任务情境之下，这就要求我们深入研读课程标准，分析教材内容，找到"内在逻辑线"，定位"能力提升线"，这无疑对我们的专业能力提出了更高的要求。

阅读要有策略

——义务教育教科书小学《语文》第二、三学段"阅读策略"单元

穆隐慧　付香荣　周　阳　范园丽[*]

一、制订基于核心素养的单元目标

阅读是语文的根。统编教材从三年级开始有目的编排了四个阅读策略单元:"预测""提问""阅读要有一定的速度""有目的阅读"。这样的编排有利于我们引导学生树立运用阅读策略的意识,获得必要的阅读策略,最终使学生爱上阅读,成为积极主动的阅读者。所以,策略单元的大观念是"阅读要有策略"。阅读策略作为一种程序性知识,需要学生在丰富的阅读实践活动中认知、尝试、拓展、应用,从而建构意义,提升阅读力和思考力。为此,本文认为阅读策略单元的核心价值应定位在"在阅读实践中,综合运用阅读策略获取信息,并与他人交流自己的想法"。

（一）提炼单元大观念

1.课程标准分析

课程标准指出,阅读是收集处理信息、认识世界、发展思维、获得审美体验的重要途径,可见阅读的重要性。统观第二、三学段,对学生阅读与鉴赏、表达与交流的要求如表1所示。

---

*穆隐慧　付香荣,郑州高新区外国语小学。周阳　范园丽,郑州中学第二附属小学教师。

表 1　阅读与鉴赏、表达与交流的要求

维度	第二学段 （3—4 年级）	第三学段 （5—6 年级）
阅读 与鉴赏	喜爱阅读童话、寓言、神话等，在阅读过程中能提取主要信息，借助阅读经验和生活经验预测情节发展；能复述读过的故事，概括文本内容，根据自己的阅读理解提出问题并与他人交流	熟练地用普通话正确、流利、有感情地朗读课文。有一定的默读速度，默读一般读物每分钟不少于 300 字。学习浏览，扩大知识面，根据需要收集信息
表达 与交流	乐于在班级活动中交流展示，能根据需要用普通话交谈，认真倾听。能复述读过的故事，概括文本内容，根据自己的阅读理解提出问题并与他人交流；乐于和他人分享阅读所得	乐于参与讨论，敢于发表自己的意见；能认真、耐心地倾听，抓住要点，并作简要转述；能根据对象和场合，作简单的发言。能与他人分享阅读作品获得的有益启示，有意识地运用积累的语言进行口头或书面表达

从表 1 中可见，第二、三学段对于学生阅读与鉴赏能力的要求呈现明显的阶段性和渐进性特点。在第二学段，侧重引导学生在阅读过程中运用"预测"策略和"提问"策略。而在第三学段，侧重培养学生"阅读要有一定的速度"，并且能进行"有目的阅读"。与之相应，关于学生的表达与交流的能力则呈现螺旋上升的趋势。由此，应该把阅读策略的教学与学生的阅读实践紧密结合，并通过表达与交流反馈学生的阅读情况，引导学生把阅读策略迁移运用到新的阅读任务中，从而感受积极运用策略带来的阅读乐趣、阅读发现、阅读效率和阅读品质。

2. 教材分析

统编教材在三至六年级逐级安排了四个阅读策略单元，相关教材内容梳理如表 2 所示。

表 2　三至六年级教材内容梳理

策略单元	相关内容	阅读策略	语文要素
三年级上 第四单元	《总也倒不了的老屋》 《胡萝卜先生的长胡子》 《小狗学叫》 口语交际："名字里的故事" 习作："续写故事" "语文园地"	预测	一边读一边预测，顺着故事情节去猜想；学习预测的一些基本方法

策略单元	相关内容	阅读策略	语文要素
四年级上 第二单元	《一个豆荚里的五粒豆》 《夜间飞行的秘密》 《呼风唤雨的世纪》 《蝴蝶的家》 习作："小小'动物园'" "语文园地"	提问	阅读时尝试从不同角度去思考，提出自己的问题
五年级上 第二单元	《搭石》 《将相和》 《什么比猎豹的速度更快》 《冀中的地道战》 习作："漫画老师" "语文园地"	阅读要有一定的速度	学习提高阅读速度的方法
六年级上 第三单元	《竹节人》 《宇宙生命之谜》 《故宫博物院》 习作："___ 让生活更美好" "语文园地"	有目的阅读	根据不同的阅读目的，选择恰当的阅读方法

通过对小学《语文》第二、三学段阅读策略单元内容的梳理，不难发现，阅读策略单元在单元编排上体现了整体性、渐进性和综合性的特点。四个阅读策略彼此关联，互相促进。五年级"阅读要有一定的速度"要用到三年级和四年级的"预测"和"提问"策略，而六年级"有目的阅读"又是所有阅读策略的综合运用。

3. 学情分析

在第一学段，学生已经建立了零散的、不系统的阅读经验，这为他们第二、三学段学习阅读策略，从而更有效地进行阅读奠定了良好的基础。从三年级开始，学生逐渐从形象思维向抽象思维过渡，阅读能力有明显发展，思维过程开始有序、完整，具备比较明确的思维目的性。此时，规划阅读策略的学习更符合他们的心理认知规律，能帮助他们丰富阅读经验，形成比较系统的、有目的阅读习惯。随着年龄的增长，高年级学生的自我意识有所提升，阅读心理结构日渐完善，阅读文本类型更多元。这时，学习稍有难度的阅读策略，是积淀阅读经验、提高阅读能力的迫切需求。

综上所述，依据课程标准，结合教材内容和学情分析，将策略单元的大观念确定为：阅读要有策略。

（二）建构单元知识结构

单元知识结构如图 1 所示。

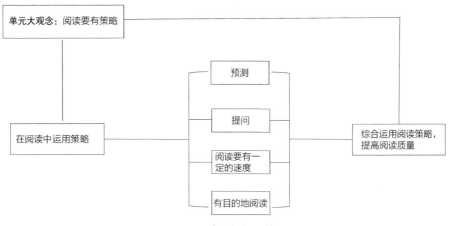

图 1 单元知识结构

（三）表述单元目标

（1）正确认读、规范书写生字词，积累语言材料并能够在语言情境中运用。

（2）通过学习阅读策略，梳理出相应的方法，并能够在阅读过程中迁移运用。

①通过已有的阅读方法，能够建立有关阅读策略的一般认识。

②通过阅读课文，能够梳理出与阅读策略相对应的具体方法。

③通过阅读各类文本，能迁移运用阅读策略进行阅读。

（3）在阅读实践中，能够运用阅读策略获取信息，并和他人交流自己的想法。

二、创设学习情境和评价任务

（一）学习情境

　　同学们，一串串文字是一个个美妙的音符，一篇篇文章是一幅幅美丽的图画。还记得那有趣的童话故事吗？还记得那神奇的自然现象吗？还记得那了不起的历史人物吗？一直以来，我们在阅读中成长，感受着作品中的喜怒哀乐，体会着文字所传达的真善美；我们在美好的阅读中前行，跟随作者找准人生目标，丰富精神世界，也在文字中遇到了更好的自己。这个单元学完以后，我们将开展"我是阅读小达人"主题系列评比活动，有"出彩少年　共沐书香""阅读马拉松""郑州方特主题乐园一日游"等，通过这些活动评一评谁的阅读技巧更娴熟，谁的阅读方法更适宜，谁的阅读更高效。让我们积极准备，一展风采吧！

（二）评价任务

评价任务如图2所示。

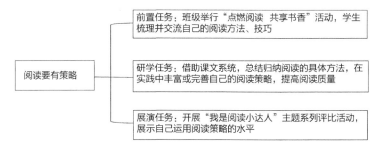

前置任务：班级举行"点燃阅读　共享书香"活动，学生梳理并交流自己的阅读方法、技巧

研学任务：借助课文系统，总结归纳阅读的具体方法，在实践中丰富或完善自己的阅读策略，提高阅读质量

展演任务：开展"我是阅读小达人"主题系列评比活动，展示自己运用阅读策略的水平

阅读要有策略

图2　评价任务

课时总体规划：

三年级上册第四单元：前置任务占1课时，研学任务占10课时，展演任务占1课时，共12个课时。

四年级上册第二单元：前置任务占1课时，研学任务占6课时，展演任务占1课时，共8个课时。

五年级上册第二单元：前置任务占1课时，研学任务占5课时，展演任务占2课时，共8个课时。

六年级上册第三单元：前置任务占1课时，研学任务占10课时，展演任务占1课时，共12个课时。

三、设计学习活动方案

（一）前置任务

阅读之于精神，恰如运动之于身体，不阅读的人思想就会停止。阅读是语文的学习方式，今天，我们将举行"点燃阅读　共享书香"主题系列评比活动，请大家梳理自己的阅读方法、策略并交流。在大家交流的过程中你一定会有新的发现！让我们开始吧。

（二）研学任务 ❶

引导学生在阅读中依据信息预测情节，并梳理预测方法。如表 3 所示。

表 3　三年级上第四单元——预测

基本问题：如何在阅读的过程中进行预测			
单元目标	课时目标	学习问题	学习活动
（1）梳理与整合单元内容，形成对阅读策略——预测的整体认识。 （2）能正确认读"暴、喵"等30个生字，9个多音字，会写13个字，诵读相关成语、俗语并积累运用，能够在语言情境中正确使用引号引用人物语言。 （3）能够依据信息预测情节发展，梳理预测的方法，形成主动预测的意识。 4.在具体的阅读情境中依据主要信息，结合自己的经验预测情节发展	第1课时：通过阅读、交流，形成对阅读策略——预测的整体认识	什么是预测策略？	任务1：阅读单元内容，初步提炼单元大观念。 猜测与推想，使我们的阅读之旅充满了乐趣。本单元主题就是"预测"，让我们一起在大胆预测中感受阅读的快乐吧。 （1）思考：什么是预测？ （2）整体阅读单元内容，初步形成对预测策略的一般认识
	第2～3课时：能正确、流利地朗读课文，正确、规范地书写字词，积累成语、俗语，学习引号的用法，并在情境中运用	怎样正确认读，规范书写并积累运用字、词、句？	任务2：学习生字词，积累语言材料。 每一个汉字都是我们的朋友。今天这节课，让我们一起识汉字、写汉字，开启一段快乐之旅。 自学探究： （1）小组合作，检查识字情况。 （2）自主识字，组内交流。 （3）全班交流识字方法。 （4）学生交流易写错的字并练习书写。 共学梳理： 总结识字方法，有针对性地进行扩词练习，总结多音字，并进行写字指导
			任务3：积累成语、俗语，练习引号的用法。 语文园地是我们学习的后花园，这节课，让我们一起到园地中去发现，去探究。 自学探究： （1）把成语读正确，并交流自己的理解，说出同类的成语。 （2）读俗语，提出自己不懂的地方，并交流自己知道的其他俗语。 （3）读句子，观察引号的用法，小组交流，并练习运用。 共学梳理： 补充成语、俗语，并提出疑问，交流理解

❶　上文（三）表述单元目标，是基于 3～6 年级四个阅读策略单元制订的，属于比较统筹的综述。而后续四个样例单元目标，涉及两个学段，有不同的阅读策略，因此，表述不同。

单元目标	课时目标	学习问题	学习活动
（1）梳理与整合单元内容，形成对阅读策略——预测的整体认识。 （2）能正确认读"暴、喵"等30个生字，9个多音字，会写13个字，诵读相关成语、俗语并积累运用，能够在语言情境中正确使用引号引用人物语言。 （3）能够依据信息预测情节发展，梳理预测的方法，形成主动预测的意识。 （4）在具体的阅读情境中依据主要信息，结合自己的经验预测情节发展	第4～5课时：通过提取信息，梳理预测的依据	在阅读中怎样进行预测？	**任务4：阅读课文，学习预测。** 在一个有趣的故事里，有一座神奇的老屋，请大家看一看它吧（出示图片）。它已经非常老旧了，但它总也不会倒下。这节课，我们就一起走近它。 自学探究： （1）读课文的过程中，你有没有猜到后面会发生什么？和同学交流。 （2）学生在交流中梳理预测的方法。 （3）老屋给你留下了什么印象？联系课文内容和插图说一说。 共学梳理： 梳理预测的方法（借助插图、题目、文章内容里的一些线索、生活经验、阅读经验等进行预测）。总结老屋这一形象的特点<hr>**任务5：阅读课文，练习预测。** "一个胖娃娃，埋在地底下，头顶绿襟穿红褂，夏天播种秋天拔，小兔子们最爱他。"请大家猜一猜，打一蔬菜名。（学生猜测）对，是胡萝卜。胡萝卜先生有一根长胡子，会发生什么故事呢？ 自学探究： （1）读下面的故事，一边读一边想，接下来可能会发生什么事情？学生交流。 （2）故事没有结束，后来可能会发生什么事情呢？听教师把故事讲完，看看自己的预测和故事有哪些相同和不同。 （3）根据文章或书的题目进行预测，完成课后习题三。 共学梳理： 以表格形式呈现学生预测的点、预测的内容及预测的依据。进一步使学生明确，预测要有依据，自己的预测和故事的实际内容不符时要修正自己的想法

单元目标	课时目标	学习问题	学习活动
（1）梳理与整合单元内容，形成对阅读策略——预测的整体认识。（2）能正确认读"暴、喵"等30个生字，9个多音字，会写13个字，诵读相关成语、俗语并积累运用，能够在语言情境中正确使用引号引用人物语言。（3）能够依据信息预测情节发展，梳理预测的方法，形成主动预测的意识。（4）在具体的阅读情境中依据主要信息，结合自己的经验预测情节发展	第6课时：借助依据，进行预测，形成预测的策略	在阅读中怎样进行预测？	**任务6：阅读课文，独立预测。** 从前，有一条不会叫的狗。它不会像狗一样叫，不会像猫那样叫，也不会像牛那样哞哞叫，更不会像马那样嘶鸣。它是一条孤零零的小狗，不知道怎么流落到了一个没有狗的国家。它并没有发现自己有什么毛病，是别人让它知道，不会叫其实是一种很大的缺陷。这节课，我们将一起走近这条小狗。 自学探究： （1）一边读一边预测，想一想故事的结局可能是怎样的？说说你的理由。 （2）听教师读故事的结局，看看和自己的预测有哪些相同和不同。 （3）小组合作，选一本同学不熟悉的故事书，读给他们听。读的时候，可以在某些地方停下来，让他们猜猜后面可能会发生什么。 共学梳理： 预测是有依据的，讲清自己的依据。运用预测策略进行阅读
	第7~10课时：通过练习，在阅读中形成主动预测的能力	在阅读中怎样进行预测？	**任务7：预测名字的含义。** 在这个单元，我们一起学习了阅读策略——预测，相信同学们都学会在阅读中熟练运用。这节课，就让我们大显身手吧。 自学探究： （1）小组合作，学生交流对自己名字含义的预测。 （2）学生交流自己名字背后的故事。 共学梳理： 总结自己预测名字含义的依据及方法，感悟名字背后父母寄予的希望。并预测同学或名人名字的含义 **任务8：巧妙构思，创意续编。** 同学们，这是三（6）班，在这个温暖的教室里，发生了一个让人感动的故事，请大家认真阅读，大胆续编。 自学探究： （1）自主观察，阅读，构思故事。 （2）小组内交流自己创编的故事。 （3）全班交流。 （4）完成习作，并讲评指导。 共学梳理： 创意续编，要表达清楚，预测的内容要结合生活实际，合情合理

引导学生梳理提问方法，形成提问策略，并运用提问策略解决实际问题。如表4所示。

表4　四年级上第二单元——提问

基本问题：如何运用提问策略进行阅读			
单元目标	课时目标	学习问题	学习活动
（1）梳理与整合单元内容，梳理提问的方法。 （2）能够准确认读和正确书写本单元的生词，熟练朗读本单元课文及背诵有关提问的名句，养成自主积累的习惯。 （3）通过梳理提问方法，能够形成提问策略，综合运用提问策略进行提问，并尝试解决问题。 （4）在阅读活动中，能够运用提问策略进行阅读，并愿意表达自己的想法	第1课时：结合经验和问题清单，总结提问的方法	提问的方法有哪些？	**任务1：整体阅读单元内容，初步提炼单元大观念。** "为学患无疑，疑则有进。"本单元的课文，有童话、有说明文，还有散文。本单元的主题是"提问"，希望同学们在阅读不同类型的文章时都能够主动提问。 （1）关注课后问题清单，梳理提问的方法。 （2）带着问题和困惑，整体阅读单元内容，初步提出关于提问的一般认识
	第2课时：能分类梳理本单元生字的识字方法、书写要点，交流展示自己的成果	识字的方法有哪些？如何正确、规范书写汉字？	**任务2：通过小组合作，展示交流识字方法、书写要点，背诵有关提问的名言。** 同学们在学习生字的过程中都掌握了一定的识字方法，书写时能做到正确、规范、美观，今天，就请你把自己的识字写字"秘笈"和同学们分享一下吧！ 小组合作： （1）小组自选一课，对识字写字"秘笈"进行交流，记录。 （2）选派小组上台分享，同学补充及评价。 （3）对易出错生字进行强调及练习。 （4）大胆背诵有关提问的名言
	第3～4课时：通过从不同角度引导学生学习提问，形成对提问策略的一般认识。 第5课时：通过本单元课文的学习，能自主运用提问策略进行阅读，尝试解决提出的问题	（1）提问有哪些不同的角度？ （2）怎样利用提问的阅读策略进行阅读？	**任务3：通过阅读童话故事，学习提问的方法。** 丹麦作家安徒生的故事伴随我们度过了最美好的童年时光。有这样一个故事来自安徒生儿时的回忆：那时"我"有一个小木盒，里面盛了一点土，"我"种了一根葱和一粒豆。这就是"我"的开满了花的花园。这个"花园"为安徒生带来了灵感，这个故事就发生在这个花园里，请同学们阅读《一个豆荚里的五粒豆》，看看你可以提出什么样的问题。 自学探究： 默读、思考、提出问题，用便利贴贴在相应的位置。 共学梳理： （1）小组学习，给出问题清单。共学课后习题二，根据课文局部或全文内容提问。 （2）运用所学提问方法对小组问题清单上的问题进行分类，运用"前后情节变化"尝试解决课后习题三。

续表

单元目标	课时目标	学习问题	学习活动
（1）梳理与整合单元内容，梳理提问的方法。（2）能够准确认读和正确书写本单元的生词，熟练朗读本单元课文及背诵有关提问的名句，养成自主积累的习惯。（3）通过梳理提问方法，能够形成提问策略，综合运用提问策略进行提问，并尝试解决问题。（4）在阅读活动中，能够运用提问策略进行阅读，并愿意表达自己的想法	第3～4课时：通过从不同角度引导学生学习提问，形成对提问策略的一般认识。 第5课时：通过本单元课文的学习，能自主运用提问策略进行阅读，尝试解决提出的问题	（1）提问有哪些不同的角度？ （2）怎样利用提问的阅读策略进行阅读？	**任务4：通过阅读说明文，进一步梳理提问方法，形成提问策略。** 飞机在夜间安全飞行仅靠雷达就可以吗？超声波在生活中还有什么用途呢？什么是程控电话？现代科学技术给我们带来的全是好处吗？请同学们阅读《夜间飞行的秘密》和《呼风唤雨的世纪》这两篇课文，看看提问有哪些方法。 共学梳理： （1）回顾前文所学的提问方法，共学课后习题二：根据课文内容、课文写法、课文启示、联系生活经验提问。 （2）运用所学提问方法对问题进行分类和筛选。 （3）运用所学策略解决两篇课文的课后习题三。 **任务5：通过阅读散文，能够运用提问策略进行阅读，并解决问题。** 花丛中、阳光下，小动物们在自由自在地起舞，突然下雨了，青鸟、麻雀都回家躲起雨，可小蝴蝶躲到哪里去呢？这节课，就让我们一起跟随作者去探究《蝴蝶的家》，解决你的种种疑惑吧！ 自学探究： 默读课文《蝴蝶的家》，用所学提问方法提出问题。 共学梳理： （1）小组对问题整理分类，选出最有价值的问题，说明选择理由。 （2）解决最有价值的问题
	第6课时：共读一本书，用阅读策略进行阅读，并在全班交流	怎样表达运用提问的阅读策略进行阅读的过程？	**任务6：共读《中国神话故事》，用阅读策略进行阅读，并在全班交流。** 博学之，审问之，慎思之，明辨之，笃行之。今天，让我们"以阅读相约、以阅读相悦"为主题，运用本单元学习的阅读策略，再次共读《中国神话故事》吧！ （1）每小组选择一篇故事，从不同角度提问，形成问题清单。筛选有价值的问题，尝试解决。 （2）小组交流。 （3）各组选派代表进行展示

引导学生梳理提高阅读速度的方法，并在阅读中，运用这些方法快速获取信息。如表5所示。

表5　五年级上第二单元——阅读要有一定的速度

基本问题：如何提高阅读的速度，快速提取主要信息？

单元目标	课时目标	学习问题	学习活动
（1）积累"汛、挽"等30个生字，6个多音字，会写"汛、访"等43个生字，能在语言情境中运用。（2）通过阅读提示，梳理提高阅读速度的方法，能在阅读中快速提取主要信息。（3）在日常的阅读过程中，运用提高阅读速度的方法，获取主要内容，评价文本中的主要事件和人物	第1课时：通过梳理以往的阅读经验，能够建立阅读要有一定速度的一般认识	你读这篇课文用了几分钟？了解了哪些内容？	**任务1：交流阅读经验，初步提炼单元大观念。** 同学们在阅读的过程中，大家都有自己的阅读经验，形成了自己的"阅读宝典"。请同学们小组合作： （1）交流自己的"阅读宝典"，围绕自己总结的阅读方法展开讨论，进行分类。 （2）整体阅读单元内容，初步提出提高阅读速度的一般认识
	第2课时：通过阅读提示和课后题，总结提高阅读速度的方法	你总结出了哪些提高阅读速度的方法？	**任务2：读阅读提示，找出提高阅读速度的方法。** 所有成功者都是善于阅读者。善读者，必有法。同学们，我们一起来探究提高阅读速度的策略吧！请同学们完成以下学习任务： 自学探究： （1）初读课文时，你用了几分钟？了解了哪些内容？谈谈自己的阅读体会。 （2）按照阅读提示给出的要求，进行阅读，记录下所用时间，并完成与课文内容有关的题目，检测阅读效果。 共学梳理： 小组合作，总结提高阅读速度的方法，完善自己的"阅读宝典"
	第3~4课时：运用提高阅读速度的方法默读课文，能快速抓住印象深刻的画面或具体的事例，概括人物的特点和品质	快速读文时，课文给你留下印象最深的画面或事例是什么？人物的特点和品质如何？	**任务3：快速读文，获取主要内容。** 同学们，提高阅读速度并不仅仅是阅读速度快，而是阅读文章时能迅速抓住关键，重在理解。请同学们完成以下学习任务： 自学探究： （1）《搭石》中给你留下印象最深的画面是什么，说说乡亲们之间美好的情感。 （2）借助事情的起因、经过、结果来讲述《将相和》，并概括廉颇、蔺相如的人物印象。 共学梳理： 小组合作，分文体总结获取文本主要内容的方法
	第5课时：在日常的阅读过程中，运用提高阅读速度的方法，获取主要内容，评价文本中的主要事件和人物		**任务4：在阅读的过程中，运用提高阅读速度的方法，获取主要内容。** 一个书香充盈的学校才会是一个美丽的学校，一个热爱阅读的孩子才是真正的"和美少年"。11月我们将举行"和美阅读少年"争霸赛，比赛分为阅读与笔试两部分，总时长2个小时。参赛者需在规定时间内阅读同一本书，再完成试题。这是一场"阅读速度与质量"的比拼，用上本周所学知识，参加比赛吧

引导学生通过学习阅读策略，梳理出相应的阅读方法，并能够在阅读过程中迁移运用。如表6所示。

表6 六年级上第三单元——有目的阅读

基本问题：如何进行有目的阅读？			
单元目标	课时目标	学习问题	学习活动
（1）正确认读、规范书写生字词，积累语言材料并能够在语言情境中运用。（2）通过学习阅读策略，梳理出相应的方法，并能够在阅读过程中迁移运用。（3）在阅读实践中，能够运用阅读策略提取信息，并和他人交流自己的想法	第1课时：结合已有阅读经验，初步建立有关"有目的阅读"这一策略的一般认识	在分享阅读经验的过程中，你有哪些思考和收获？	任务1：分享阅读经验，初步提炼单元大观念。 同学们都喜爱阅读，有同学为获得知识而读、有同学为提高修养而读、有同学为开阔视野而读，还有同学为明白事理而读……无论出于哪种阅读目的，你都会在寻找答案的过程中积累阅读经验，丰富人生阅历。请同学们小组合作： （1）交流"我的阅读经验演讲稿"，围绕阅读经验展开讨论，同时提出自己的问题或困惑。 （2）整体阅读单元内容，初步建立有关"有目的阅读"这一策略的一般认识
	第2～3课时：通过阅读课文，能够梳理出与阅读策略相对应的具体方法	针对不同的阅读目的，怎样采用不同的阅读方法？	任务2：阅读《竹节人》，初步梳理"有目的阅读"策略。 《竹节人》这篇课文不同于我们之前学过的其他课文，阅读提示明确提出三个阅读任务，请同学们完成以下学习任务： 自学探究： 任选其中一个阅读任务，独立完成。 共学梳理： 小组合作，交流展示，梳理成果；围绕"如何进行有目的阅读？"梳理"有目的阅读"策略
		针对不同的阅读目的，怎样采用不同的阅读方法？	任务3：阅读《宇宙生命之谜》，进一步梳理"有目的阅读"策略。 通过对《竹节人》一课的学习，同学们初步尝试了有目的阅读这一策略，这节课让我们继续进行有目的阅读，相信会有新的体验与发现。请同学们阅读《宇宙生命之谜》，完成以下学习任务： 自学探究： （1）根据伙伴阅读的思维过程，交流有目的阅读的具体方法。 （2）试着将自己的阅读思维可视化。 共学梳理： 小组合作，围绕"如何进行有目的阅读？"梳理"有目的阅读"策略

单元目标	课时目标	学习问题	学习活动
（1）正确认读、规范书写生字词，积累语言材料并能够在语言情境中运用。 （2）通过学习阅读策略，梳理出相应的方法，并能够在阅读过程中迁移运用。 （3）在阅读实践中，能够运用阅读策略提取信息，并和他人交流自己的想法	第4课时： 通过阅读各类文本，能运用阅读策略进行阅读	你形成了哪些"有目的阅读"策略？	**任务4：有目的的独立阅读《故宫》，提炼阅读策略。** 同学们有目的阅读了《竹节人》《宇宙生命之谜》，能够根据不同的阅读目的，重点关注相关内容，同时采用不同的阅读方法，高效阅读。这节课，请同学们有目的的独立阅读《故宫》，完成以下学习任务： （1）自主完成相关的阅读任务，提炼阅读策略。 （2）交流、梳理阅读策略，形成自己有目的阅读主张
	第5～6课时： 通过样例分析，学会有条理地进行语言表达	如何进行"有目的阅读"？	**任务5：试着运用多种方法描写沉迷某事的人物形象。** 欣赏《竹节人》"语文园地"中对人物描写的语句，并试着运用多种方法描写沉迷某事的人物形象
			任务6：尝试使用"先总说再逐条说明理由"的方式表达观点。 结合"语文园地"中的样例，说出"先总说再逐条说明理由"的表达方式并尝试使用此方式表达观点
			任务7：完成习作《＿＿让生活更美好》。 完成习作《＿＿让生活更美好》，注意人物形象的刻画，以及表达的条理性
	第7～8课时： 结合已有阅读经验，能够建立有关"有目的阅读"一般认识	如何进行"有目的阅读"？	**任务8：梳理"有目的阅读"策略，进一步提炼单元大观念。** 回顾单元学习内容，你对"如何进行有目的阅读"有哪些思考呢？试着用流程图、思维导图等方式梳理一下本单元你学到的"有目的阅读"策略吧！进一步提出有关"有目的阅读"一般认识
		"有目的阅读"又给你带来了哪些新体验？	**任务9：尝试运用"有目的阅读"策略，完善"我的阅读经验演讲稿"。** 本单元所学的"有目的阅读"策略一定给你带来不小的启迪，快将这一阅读体验融进你的阅读经验演讲稿吧！ 将有目的阅读这一体验写进"我的阅读经验演讲稿"中

续表

单元目标	课时目标	学习问题	学习活动
（1）正确认读、规范书写生字词，积累语言材料并能够在语言情境中运用。 （2）通过学习阅读策略，梳理出相应的方法，并能够在阅读过程中迁移运用。 （3）在阅读实践中，能够运用阅读策略提取信息，并和他人交流自己的想法	第 9 ～ 10 课时：根据情境要求，能够有目的阅读，并解决生活中的实际问题	收集资料的渠道有哪些？你的阅读目的是什么？	**任务 10：收集有关"方特主题乐园"的资料并有目的阅读。** 根据具体的出游要求，查询交通、天气；浏览方特官方网站了解主题乐园的情况，并依据年龄特点确定游玩路线；结合游玩方案，提出建议携带的物品
		怎样将有关方特的阅读收获有条理表达，形成策划方案？	**任务 11：撰写《方特一日游策划方案》，遴选最佳策划方案。** 学习任务： （1）了解策划方案的规范格式，并针对真实的游玩需求筛选信息、处理信息，有条理地撰写《方特一日游策划方案》。 （2）确定方案评价标准，组织方案评选

（三）展演任务

阅读能增长知识，开阔眼界；阅读能陶冶情操，健全人格；阅读能给人以智慧，给人以力量。在本单元的学习过程中，同学们在阅读中学习策略，在阅读中思考前行，掌握了阅读方法，并且能运用阅读策略提高阅读质量。今天，我校图书馆将开展"我是阅读小达人"主题系列评比活动。希望你运用学习到的阅读策略，在"我是阅读小达人"评比活动中一展风采！

四、研制评价量表

根据单元学习目标，围绕前置任务、研学任务和展演任务，三年级上册第四单元、四年级上册第二单元、五年级上册第二单元及六年级上册第三单元都设计了相应评价量表。每个评价量表均从不同维度，设计了 A、B、C 三个等级，各等级的标准清晰可测。前置任务与研学任务的评价由学生依据评价标准进行自评、互评，展演任务由学生、小组、教师依据评价标准共同评价。

（一）前置任务评价量表

前置任务"点燃阅读　共享书香"评价量表如表7所示。

表7　"点燃阅读　共享书香"评价量表

维度	学段	评价等级标准		
		A	B	C
是否运用阅读方法	第二学段	能准确提出并运用阅读方法	能比较准确地提出并运用阅读方法	不知道阅读方法，也没有运用阅读方法
语言表达情况		声音响亮，表达清楚	声音响亮，表达比较清楚	声音不响亮，表达不清楚
是否运用阅读策略	第三学段	能熟练地运用阅读策略	能比较熟练地运用阅读策略	没有运用阅读策略
语言表达情况		声音响亮，表达清楚、具体、生动	声音响亮，表达比较清楚、具体、生动	声音不响亮，表达不清楚

（二）研学任务评价量表

研学任务"课堂观察"评价量表如表8所示。

表8　"课堂观察"评价量表

维度	学段	评价等级标准		
		A	B	C
梳理出具体的阅读方法	第二学段	能梳理出具体的阅读方法	能在教师指导下梳理出具体的阅读方法	不能梳理出具体的阅读方法
		能准确、熟练地运用本单元学习的阅读策略	能比较准确、熟练地运用本单元学习的阅读策略	不会运用本单元学习的阅读策略
练习运用阅读策略进行阅读	第三学段	能快速梳理出具体的阅读方法	能在教师指导下梳理出具体的阅读方法	不能梳理出具体的阅读方法
		能准确、熟练地运用本单元学习的阅读策略。并且能综合运用前期学习的阅读策略	能比较准确、熟练地运用本单元学习的阅读策略。并且能综合运用前期学习的阅读策略	不会运用本单元学习的阅读策略。对前期学习的阅读策略也不太会运用

（三）展演任务评价量表

展演任务"我是阅读小达人"评价量表如表9所示。

表9　"我是阅读小达人"评价量表

维度	学段	评价等级标准		
		A	B	C
小组合作情况	第二学段	分工明确，组员能够认真倾听，大胆表达，能完成学习任务	分工比较明确，组员能够认真倾听，大胆表达，能在教师指导下完成学习任务	分工不明确，效率较低，没人发言，完不成学习任务
		能在实践活动中准确、熟练地运用本单元所学的阅读策略	能在实践活动中比较准确、熟练地运用本单元所学的阅读策略	不会在实践活动中运用本单元所学的阅读策略
运用阅读策略的情况	第三学段	分工明确，组员能够认真倾听，大胆表达，主动交流、讨论，合作气氛热烈，能完成学习任务	分工比较明确，组员能够认真倾听，大胆表达，主动交流、讨论，能在教师指导下完成学习任务	分工不明确，效率较低，发言交流不积极，完不成学习任务
		能在实践活动中准确、熟练地综合运用阅读策略	能在实践活动中比较准确、熟练地综合运用阅读策略	不会在实践活动中综合运用阅读策略

五、作业设计样例

知识大闯关

——四年级上册第二单元

第一关：根据语境，看拼音写词语

1.为了 yán jiū（　　　）蝙蝠夜间飞行的秘密，kē xué jiā（　　　）把蝙蝠关在玻璃房间里，在里面 héng qī shù bā（　　　）地拉上一些绳子，jì shàng（　　　）铃铛，让蝙蝠在里面飞行。

2.hù lián wǎng（　　　）将 céng jīng（　　　）隔着千山万水的人们联结在了一起。人们可以在网上 tàn tǎo（　　　）人生 zhé lǐ（　　　），这真是一件令人 yú kuài（　　　）的事情。

第二关：课文内容理解与知识积累展示

1.《一个豆荚里的五粒豆》一文中，伴随着豌豆苗的成长，为什么小女孩的病慢慢好了呢？（　　　）

A. 因为小女孩的妈妈为她找到了好医生，所以她的身体慢慢恢复了健康。

B. 因为豌豆苗的营养十分丰富，是小女孩的治病良药。

C. 因为小女孩从豌豆苗的生长中获得了战胜疾病的力量和信心。

2. "其他昆虫，如螳螂、蜻蜓、蜗牛，它们的家又在哪里呢？"结合《蝴蝶的家》一文，想一想：这个问题是从什么角度提出来的？（　　　）

A. 针对课文内容提出来的　　　　　B. 从写法上提出来的

C. 从得到启示的角度提出来的　　　D. 从创作目的提出来的

3. 说说我们身边的科学技术。

我介绍的科学技术（或科技产品）名称	它的特点（或神奇之处）

第三关：读材料，完成练习

中国高铁：智能触手可及

什么是智能高铁？智能高铁是广泛应用云计算、大数据、物联网、移动互联、人工智能、北斗导航等先进技术，综合高效利用资源，实现高铁移动装备、固定基础设计等，实现全生命周期一体化管理的新一代智能化高速铁路系统。其智能建造安全可控，智能装备先进实用，智能运营舒适便捷。

如今，中国铁路把发展智能铁路作为未来一个时期铁路科技创新的重要战略方向。未来，中国高铁将在数字化、网络化、智能化方向上继续开拓进取，全面推进高铁技术的创新。

1. 将材料中运用了设问修辞手法的句子画上"＿＿＿"。

2. 新一代智能化高速铁路系统的特点有（   ）。（多选）

A. 智能建造安全可控   B. 推进高铁技术的创新

C. 智能装备先进实用   D. 智能运营舒适便捷

3. 请结合材料内容，说一说科技发展给人们生活带来的影响。

4. 针对材料，请试着提出自己的问题。

_____

_____

第四关：阅读短文，完成练习

青蛙和电子蛙眼

①一个飞机场内，指挥人员正在指挥飞机降落，他们每次都能指挥得准确无误，没有丝毫差距，使飞机准确降落。

②为什么指挥人员能指挥得这么准确？到底是什么隐藏的高科技帮助了他们？原来，是人们从青蛙身上得到了一些启示。

③事情是这样的：很早以前，仿生学家发现青蛙的眼睛有些蹊（qī）跷，非常特殊。他们发现青蛙的眼睛好像和其他的动物不一样，青蛙的眼睛比较突出，于是他们就对青蛙有了深厚的兴趣。

④经研究发现，青蛙虽然对活动的东西非常敏锐，但是却对静止的东西"视而不见"，而且一遇到光就不能动了，这到底是为什么呢？

⑤仿生学家经过多次实验，反复研究，终于发现了青蛙眼睛的奥秘。原来，蛙眼视网膜的神经细胞分成五类，一类只对颜色起反应，另外四类只对运动目标的某个特征起反应，并能把分解出的特征信号输送到大脑视觉中枢——视顶盖。视顶盖上有四层神经细胞：第一层对运动目标的反差起反应，第二层能把目标的凸边抽取出来，第三层只看见目标的四周边缘，第四层则只管目标的明暗变化。这四层特征就好像在四张透明纸上的图画，叠在一起，就是一个完整的图像。因此，青蛙的眼睛对活动的东西非常敏锐，对静止的东西"视而不见"。

⑥仿生学家模仿青蛙的眼睛，发明了电子蛙眼，使机场的指挥人员能更加准确地指挥飞机降落。

1. 在文中找出下列词语的反义词。

迟钝——（   ）   普通——（   ）   露——（   ）

2. 画"～～～"的句子运用的修辞手法是_____。

3. 用"____"画出第⑤段的中心句。（2分）

4. 与第①段前后照应的段落是第_____段。

◆这种前后照应的好处是（　　）

A. 使文章浑然一体，结构完整。

B. 强调了仿生学给人类带来的好处。

C. 强调青蛙给人类带来的好处。

5. 读完全文，我们可以试着从不同角度提出问题，让思考更加全面深入。

（1）针对短文内容，你提出的问题是：

_____

（2）联系生活实际，你提出的问题是：

_____

六、教学设计反思

追寻理想的语文教学

语文是什么？语文应该怎样教？语文应该怎样学？该怎样提高学生的语文素养？这是从教 20 多年的笔者一直以来思考的问题。记得刚参加工作时，笔者就这样不断地追问自己，并和他人交流。在思考与观摩中，笔者尝试着；在实践与学习中，笔者探索着。

2022 年 4 月，《义务教育语文课程标准（2022 年版）》正式颁布。学科核心素养正式进入小学《语文》课程标准，什么是学科核心素养？核心素养是面对纷繁复杂的社会变革挑战提出的育人目标，它关注学生从局部走向整体发展，以赋予其应对未来诸多不确定性的力量。相比"双基"和三维目标，核心素养更强调知识技能、过程方法、情感态度价值观的有机结合和综合表现，它引领教学实践促进人的全面发展。

那么该如何发展学生的语文核心素养呢？崔允漷教授认为："立足学科核心素养，教师必须提升教学设计的站位，即从关注单一的知识点、课时转变为大单元设计。只有这样，才能改变学科知识点的碎片化教学，真正实现教学设计与素养目标的有效对接。"大单元教学设计就是从学生核心素养出发的语文学习方案，以学生学习为主线，以任务为统领，通过设计真实情境，整合学习内容，开展学习活动，完成具有内在联系任务的学习事件。

缘起·学习

在新的单位工作这两年来，对笔者影响最深的就是学校的疑彩课堂。疑彩课堂完全将学生的主体地位凸显了出来，让学生质疑、让学生思考、让学生探究、让学生解答，学生就是课堂的主人，课堂就是学生的舞台，让学生站在舞台中央，自主、合作、探究真正地发生着。这样一种全新的课堂模式深深地影响并改变着笔者。要知道在近 20 年的语文教学中，笔者所采用的教学方式一直是传统的语文教学，更多的时候笔者关注的是教师教什么和怎样教。也不是说笔者没有关注过学生的学，而是说，在课堂上，笔者没有将学生的学放在如此重要的位置上。这种全新的教学方式让学习真正发生，也真正引起了笔者的思考。

在我们的课堂上，"教—学—评"一体化，学生不仅知道学会了什么，知道怎样学，而且还能够通过评价教师及时掌握学生学到何种程度。这样的课堂就是构建一种以学生学习为中心的模式。

新课标强调，要凸显学生主体地位，关注学生个性化、多样化的学习和发展需求。这就要求在教育教学实践中，应该更加彰显学生的学习主体地位。我们知道，在平常的学习中，大单元教学设计的出发点，历程和归宿也都是围绕学生的学习来展开。所以，一直以来，笔者认为大单元教学设计在我们学校是应运而生，我们的疑彩课堂所构建的以学生学习为中心的教学模式，就是大单元教学设计的基础。

实践·探索

在平常的语文教学中，我们所写的教案都是按照大单元教学的设计模式进行的。逆推单元教学目标、统筹评价任务、构思真实情境、设计评价量表，其中有诸多的困惑，但更多的是因疑而思。

什么是情境，怎样创设真实情境，创设真实情境的目的是什么，这些都曾经是我思考的问题。大单元教学强调学生在真实情境下能够用自己所学的知识去解决实际问题。在体验学习、学会的过程中，能够更加能动地、自主地去学习。这样就规避了学习内容与生活实践的分离。在我们所设计的阅读策略单元中，共有四个自然单元，那该设计一个什么样的真实情境呢？经过商讨，我们确定以我校图书馆举办的"我是阅读小达人"大赛为大任务情境，通过四个单元的学习活动，引领学生树立运用阅读策略的意识，并在阅读中逐步学习运用各种策略，使之成为一种阅读的习惯，从而使他们更加主动地投身这一比赛活动中来。

在这个大情境下，学生该怎样开展学习活动呢？这就需要解读教材，依据学情巧妙地把握进阶梯度，将语文和生活关联起来，整合"阅读与鉴赏""表达与交流""梳理与探究"三种学习方式，不局限于文本、教材，而是紧密联系真实生活，把语文学习延伸到生活中。在三年级上册"预测"单元的学习中，我们利用学生当下共读的书籍——《孙悟空在我们村》进行交流，引入对预测策略的学习。这一关联真实有效，激发了学生的思维，使学生有话可说，为教学寻找到了一个适合的切入点。理想的学习任务的设计要有梯度，比如，在"预测"单元，内容编排就呈现了"学习预测—练习预测—独立预测"的渐进发展过程，那么，教学活动的设计就要体现由"扶"到"半扶"再到"放"的过程。引领学生去认识预测，学习预测的方法，并能够依据信息进行预测，从而在课内、课外的阅读过程中逐步迁移运用，形成自己阅读的一种习惯。所以，这个单元，我们设计了"创意续编"故事大王比赛活动，学生需要结合本单元所学的预测进行大胆的构思和设计，梳理语言进行表达，这不仅检测了学生是否能合理进行预测，更重要的是锻炼了学生的语言表达能力，培养了学生的自信心。应该说，这是一种语文素养的综合训练。这样的活动设计形式灵活，内容紧凑，具有整合性。

阅读策略的教学是培养学生专业化阅读的重要路径。就整个小学阶段来讲，4次阅读策略单元的安排也呈现螺旋式上升特点。在第一学段没有安排阅读策略，并不等于说孩子们不需要阅读策略，而是说在这个阶段需要激发学生的阅读兴趣。事实上，孩子们在阅读的过程中一边读一边想象画面，这就是"图像化"的一种阅读策略，只不过没有以概念的形式告知学生而已。但是学生已然在各种阅读策略中进行着阅读活动。学生在阅读过程中的"预测"和"提问"，也都处于一种无意识的状态。教师可以潜移默化地对学生进行阅读与思考的培养。在第二学段，学生开始接触"预测"和"提问"这两种最基本的阅读策略。这重在让学生树立一种意识，初步学会运用策略。到了第三学段，学生就要逐步学会进行有价值的预测，能够提出经过深度思考的问题。同时，再学习新的策略——"阅读要有一定的速度"和"有目的阅读"。这就要求教师树立一种意识，单元学习的结束，并不意味着孩子们阅读策略学习的结束，策略的学习将一直需要在学生的阅读实践过程中不断地被使用，从而逐步地夯实。

成长·思考

　　传统的语文教学注重对单篇的精雕细琢，而大单元教学设计要求教师深度解读教材，把握课程标准，梳理、整合教学内容，提取单元大观念，搭建单元知识结构，统筹评价任务。其中的关键是提取单元大观念。单元大观念要揭示本质，必须是专业的学科表达。这是整个单元教学设计的"牛鼻子"，牵一发而动全身。因此需要我们不断地提炼、研讨，直至最佳。在这样一个过程中，我们教研团队形成了一个学习共同体，有了共同的愿景和追求。同时，也促进了我们个人的专业成长，使我们无形之中树立了一种研究意识、学习意识，主动通过查找相关资料、阅读专业书籍、聆听专家讲座来打通自己的理论盲区。应该说，在这次大单元教学设计过程当中，受益最多的是我们自己，这将成为我们专业成长的一个生长点。

　　王国维在《人间词话》中说，古今之成大事业、大学问者，必经过三种境界："昨夜西风凋碧树。独上高楼，望尽天涯路"，此第一境界也；"衣带渐宽终不悔，为伊消得人憔悴"，此第二境界也；"众里寻他千百度，蓦然回首，那人却在，灯火阑珊处"，此第三境界也。探寻大单元教学设计的这条路，也是我们追寻理想中的语文教学的一条路，饱含着我们的勇气和思考。

　　我们所做的阅读策略单元教学设计，客观上讲，整合得较为合理、自然，易于操作。从大观念的引领层面到实践的操作层面，凸显了以学生为本的理念。整个设计以任务为驱动，引领学生在实践中学会运用阅读策略，获取信息，从而形成自己的想法并和他人交流。当然，随着实践与思考的深入，也可能会有进一步的调整和修改，恳请各位同人批评指正。

我手写我心，妙笔话生活

——义务教育教科书小学《语文》第二、三学段习作单元

张赛赛 李俊霞 毛琳琳 韦 佳 康 绮 陈若梦 袁德珠 张 敏[*]

一、制订基于核心素养的单元目标

《义务教育语文课程标准（2022年版）》总目标中明确提出：能根据需要，用书面语言具体明确、文从字顺地表达自己的见闻、体验和想法。可见，习作是为了自我表达与他人交流，是认识世界、认识自我、进行创造性表述的过程。为此，提炼出单元大观念：我手写我心，妙笔话生活。基于单元大观念，抓住核心问题"写作是为了自我表达和与人交流"，并建构了指向学生思维路径的单元知识结构，并逆向推导出层层递进的单元目标，为学生搭建生活平台，形成习作范式，从而提升学生运用语言文字表达的能力。

（一）提炼单元大观念

1.课程标准分析

义务教育教科书小学《语文》从第二学段开始编排了专门的习作单元，《义务教育语文课程标准（2022年版）》对不同学段的习作要求略有不同，统观第二、三学段，习作单元具体要求大致如表1所示。

*张赛赛 李俊霞 毛琳琳 韦佳 康绮 陈若梦，郑州高新区外国语小学教师；袁德珠 张敏，郑州中学第二附属小学教师。

表1 第二、三学段习作单元要求

维度	第二学段 （3—4年级）	第三学段 （5—6年级）
习作兴趣 和习惯	乐于书面表达	懂得写作是为了自我表达和与人交流。养成留心观察周围事物的习惯。有意识地丰富自己的见闻，珍惜个人的独特感受，积累习作素材
习作 内容	观察周围世界，能不拘形式地写下自己的见闻、感受和想象，注意把自己觉得新奇有趣或印象最深、最受感动的内容写清楚。能用简短的书信、便条进行交流。尝试在习作中运用自己平时积累的语言材料，特别是有新鲜感的词句进行写作	能写简单的纪实作文和想象作文，内容具体，感情真实。能根据内容表达的需要，分段表述。学写读书笔记，学写常见应用文
习作 修改	学习修改习作中有明显错误的词句。根据表达的需要，正确使用冒号、引号等标点符号	自我修改或互相修改习作，做到语句通顺，行款正确，书写规范、整洁。根据表达需要，正确使用常用的标点符号

从表1可以看出，第二、三学段在习作的兴趣和习惯、习作的内容、习作的修改三方面都体现了螺旋式上升的特点。《义务教育语文课程标准（2022年版）》在"阶段目标"中，从第一学段的"写自己想说的话"，到第二学段"注意把自己觉得新奇有趣或印象最深、最受感动的内容写清楚"，再到第三学段进一步提出"懂得写作是为了自我表达和与人交流"，可见写作的实质就是运用语言文字进行表达与交流。

2. 教材分析

小学第二、三学段的习作单元共八个，具体内容如表2所示。

表2 第二、三学段习作单元内容

学习单元	习作主题	习作训练解读
三年级上 第五单元	观察	仔细观察，把观察所得写下来
三年级下 第五单元	想象	发挥想象写故事，创造自己的想象世界
四年级上 第五单元	写事	选取一件让自己印象深刻的事情，把事情写清楚
四年级下 第五单元	写景	学习按游览的顺序写景物

学习单元	习作主题	习作训练解读
五年级上 第五单元	写物	收集资料，用恰当的说明方法，把某一种事物介绍清楚
五年级下 第五单元	写人	初步运用描写人物的基本方法，尝试把一个人的特点写具体
六年级上 第五单元	围绕中心意思写	从不同的方面或选取不同的事例，表达中心意思
六年级上 第三单元	表达真情实感	习作时，选择合适的内容写出真情实感

八个习作单元的体例完全相同，都由"精读课文""交流平台""初试身手""习作例文""习作"五部分组成，体现了"努力构建独立的习作教学体系"的追求。各单元训练的内容及目标各有侧重，不同学段之间的习作要求相互联系，螺旋上升，通过不断训练，力求提高学生的习作能力。

3. 学情分析

从第二学段学生年龄特点来说，学生对周围事物比较感兴趣，对阅读都抱有很大的热情，但学生畏惧习作，存在明显的畏难情绪，语言组织水平偏低，不同的习作主题内容，普遍存在表达不清楚的现象。对于如何将观察所得及阅读积累转化为习作的能力需要提升。

对于第三学段学生来说，五、六年级是儿童心理健康成长的关键时刻，学生在观察能力、思维能力、语言表达能力等方面都有了较大的提升。他们有着强烈的好奇心，对周边的事物产生浓厚的兴趣，但不能文从字顺地表达观察所得及内心感受。这个阶段的学生正处在辩证思维的萌芽期，学生的辩证分析能力不够完善，概括水平较低。本学段学生已经具备了习作的基本能力，知道了观察的重要性，能够独立习作，但谋篇布局还不够合理，不能准确把握内容的详略，语言表述不够准确、优美。

4. 单元大观念

结合课程标准的关键点、教材的重点、学情的难点，明确习作的本质是指向表达与交流。因此将习作单元的大观念确定为：我笔写我心，妙笔话生活。

（二）建构单元知识结构

单元知识结构如图 1 所示。

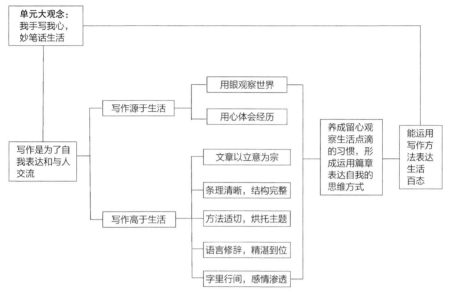

图 1　单元知识结构

（三）表述单元目标

（1）通过阅读文本，积累课内、课外词语，形成积累习作语言材料的能力。

（2）通过样例分析，总结习作方法，形成习作的一般思路。

①根据主题尝试习作，形成写作的一般认识。

②通过文本分析，梳理总结习作表达的方法。

（3）在具体的情境中，能够合理运用写作方法，表达自己的见闻、体验和感受。

二、创设学习情境和评价任务

（一）学习情境

"随风潜入夜，润物细无声。"文章如春天里第一朵含苞待放的鲜花，又如一年里第一缕春风，总能用自己独特的方式浸润读者。人类就是这样用语言文字反映事物、表达思想感情、实现沟通与交流的。阅读习作单元中的"精读课文"可以了解作者的表达方法，"交流平台"帮助我们提炼习作方法，"初试身手""习作例文"让我们进一步感知方法。让我们一起走进习作单元学习吧！学习结束后，将举行"我手写我心"的展示活动，记录生活百态，表达自己的体验、感受与发现。

（二）评价任务

评价任务如图 2 所示。

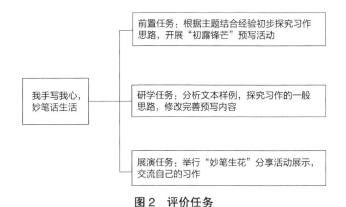

图 2　评价任务

课时总体规划：前置任务课前完成，研学任务占 5 课时，展演任务占 1 课时，习作每个单元共 6 个课时。

三、设计学习活动方案

（一）前置任务

生活在五彩缤纷的世界，每天会看到不同的风景、遇见不同的人、做不同的事情。相机也只能以画面的形式留下精彩的一瞬间。可是，这一瞬间你有了怎样的内心感受，有了怎样的独特体会，又有了怎样的特别思考，这是图像所不能展示的。但是，文字的奇妙组合却可以把这些美好表达出来。同学们，让我们拿起手中的笔，依据单元的习作主题，写一篇小练笔，写出自己的感悟，表达自己的心声吧！

（二）研学任务❶

引导三年级学生（上）掌握细致观察的方法，能够赏析或写作观察类的文章。如表 3 所示。

表 3　三年级上册第五单元——观察

基本问题：如何将观察到的事物或场景写清楚？			
单元目标	课时目标	基本问题	学习活动
（1）样例分析，树立留心观察的意识，掌握细致观察的方法。（2）通过阅读观察类的文章，形成积累观察类语言材料的能力。（3）根据情境要求，能够赏析或写作观察类的文章，并愿意与他人分享	第 1 课时：根据观察经验，能够形成有关观察的初步认识	在观察记录过程中你有什么发现？	**任务 1：交流经验，形成初步认识。** 同学们，大家都观察了周围的事物，并完成了《观察记录单》。请同学们小组合作： （1）分享交流《观察记录单》，围绕"如何观察事物并写下自己的观察所得"展开讨论，提出自己的问题或困惑。 （2）带着问题或困惑，整体阅读单元内容，形成有关观察写作的一般认识
	第 2 课时：自主学习，梳理积累的生字词：会读 11 个生字、会写 26 个生字，积累 25 个词语。准确、流利地朗读课文	将观察到的周围事物介绍清楚，需要积累并运用哪些字、词、句？	**任务 2：快乐阅读，丰富积累。** 勤劳的小蜜蜂们，在字词的百花园里有了属于自己的收获：通读了单元篇目，画出并摘抄了生字、词句，借助语境或工具书解释了重点字词的意思，在课本上做了标注。下面请同学们交流合作： （1）分享收获并提出自己的疑问。 （2）准确、流利地朗读课文，读准生字字音，并展开各种形式的朗读比赛。 **任务 3：灵活运用，完善练笔。** 灵活选用所积累的字、词、句，完善自己的《观察记录表》，做到用词准确，语句优美
	第 3～4 课时：说出如何抓住事物特点进行观察？说出如何抓住事物变化进行观察	如何进行细致观察并记录？	**任务 4：剖析样例，总结方法。** 同学们，关于"如何观察并写下自己的观察所得"，我们已经有了自己的认识，作者是如何观察和记录的呢？文章为我们提供了良好范例。 （1）对比阅读《搭船的鸟》《金色的草地》，作者观察到的事物有哪些？作者是如何进行细致观察并将它写清楚的？ （2）学习《交流平台》《初试身手》《习作例文》，小组合作探究将观察写清楚的方法。 **任务 5：依据所学，再度修改。** 同学们，通过文本学习，我们已经总结了将观察到的事物写清楚的方法，就让我们再次补充自己的《观察记录单》，要求将事物或场景的特点和变化写清楚

❶　上文（三）表述单元目标，是基于 3～6 年级四个写作策略单元制订的，属于比较统筹的综述。而后续四个样例单元目标，涉及两个学段，有不同的写作策略，因此，表述不同。

单元目标	课时目标	基本问题	学习活动
（1）样例分析，形成留心观察的意识，掌握细致观察的方法。 （2）通过阅读观察类的文章，形成积累观察类语言材料的能力。 （3）根据情境要求，能够赏析或写作观察类的文章，并愿意与他人分享	第5课时：运用观察方法，写自己的观察所得及感悟	如何将自己的观察所得写清楚？	**任务6：依据情境，妙笔生花。** （1）调动各种感官抓住事物的特点及变化写出自己近期观察到的印象最深刻的动物、植物或一处场景，并加入自己的感受。 （2）同桌互改习作

引导学生通过阅读想象类的文章，了解写作想象故事的基本方法，形成主动想象的意识和能力。如表4所示。

表4　三年级下册第五单元——想象

基本问题：如何将想象的内容表达清楚？

单元目标	课时目标	学习问题	学习活动
（1）根据想象经验，能够形成有关想象的初步认识。 （2）通过阅读想象类的文章，形成积累想象类语言材料的能力。 （3）通过样例分析，了解写作想象故事的基本方法，形成主动想象的意识和能力	第1课时：结合经验，讨论想象的基本要求，提出想象习作的主要思想	想象习作的基本要求是什么？	**任务1：交流经验，形成认识。** 同学们在接龙创编"连续剧"的过程中，都依据自己的想象经验完成了编写，请同学们小组合作： （1）交流接龙创编的"连续剧"，围绕"想象习作的基本要求是什么"展开讨论，同时提出发现的问题或困惑。 （2）带着问题或困惑，整体阅读单元内容，初步提出想象习作的主张
	第2课时：自主学习，至少会读、写40个生字；积累至少30个好词、好句；准确、流利地朗读课文	将想象的内容写清楚，需要积累和会用哪些字、词、句？	**任务2：快乐阅读，丰富积累。** 勤劳的小蜜蜂们，在字词的百花园里都采集了属于自己的语言材料：在文中画出了生字、词句，借助语境或工具书解释了重点字词的意思，并在课本上进行了标注。请同学们小组合作： （1）通过"字词游戏""我是书写小达人"等活动，交流检测生字词学习的情况。 （2）准确、流利地朗读课文，读准生字字音，并展开各种形式的朗读比赛。 **任务3：灵活运用，完善故事。** 灵活选用所积累的字、词、句，完善接龙创编的"连续剧"，做到用词准确，语句优美，表达清楚
	第3～4课时：梳理将想象的内容表达清楚的方法	如何将想象的内容表达清楚？	**任务4：剖析样例，梳理方法。** 同学们，想象力比知识更重要，它是智慧的源泉，腾飞的翅膀，让我们插上想象的翅膀，完成以下学习任务： 自学探究： 从四篇想象类的样例中任选一篇，想一想作者将自己想象的内容表达清楚的方法。

单元目标	课时目标	学习问题	学习活动
（1）根据想象经验，能够形成有关想象的初步认识。 （2）通过阅读想象类的文章，形成积累想象类语言材料的能力。	第3～4课时：梳理将想象的内容表达清楚的方法	如何将想象的内容表达清楚?	共学梳理： 小组合作，交流发现，运用思维导图梳理总结将想象内容表达清楚的方法。 **任务5：运用方法，完善表达。** 小组合作： 本单元所学的表达方法一定让你在"从想象回归表达"上带来不小的启发，为大家将想象内容表达清楚搭建了支架，快用这些方法修改完善你接龙创编的"连续剧"吧
（3）通过样例分析，了解写作想象故事的基本方法，形成主动想象的意识和能力	第5课时：根据情境要求，大胆想象，写一个想象故事	如何将自己想象的内容写清楚?	**任务6：依据情境，妙笔生花。** 为迎接"全民阅读日"的到来，依据我校方案，结合年级与本班实情，现征集"奇思妙想"书稿，分享给更多的读书爱好者。三（1）班"快乐阅读 奇妙想象"读写比赛现在开始，请同学们大胆想象，创作一篇自己的想象故事

引导学生通过阅读单元内容，梳理出把事情写清楚的方法。如表5所示。

表5 四年级上册第五单元——写事

基本问题：如何将事情写清楚?

单元目标	课时目标	学习问题	学习活动
（1）结合自己已有的写作知识，能够形成关于写清事情的一般认识。 （2）积累并会运用本单元和写清事件相关的字、词、句。	第1课时：结合自己已有的写作知识，能够形成关于写清事情的一般认识	在写清楚事情的过程中，你有什么发现?	**任务1：阅读课文，交流方法，提炼单元大观念。** 同学们，我们身边不断发生着各种各样的事，选取一件令你印象深刻的事情写下来，小组合作，互展互评，探究"如何把事情写清楚"的方法，记录疑惑。 （1）小组合作，交流写清事情的方法，并展开讨论，同时提出自己的问题和困惑。 （2）带着问题或疑惑，整体阅读单元内容，提出关于写事情的一般方法
（3）梳理与整合单元内容，形成关于写清楚一件事情的整体认识。 （4）通过样例分析，学习把事情写清楚的基本方法	第2课时： （1）认识11个生字；读准1个多音字。会写22个字及写出31个词语。 （2）综合运用多种方法自主识字，并根据语境恰当运用	如何综合运用多种方法自主识字?	**任务2：快乐阅读，丰富积累。** 勤劳的小蜜蜂，在字词的百花园里有了属于自己的收获：在文中画出了生字、词句，借助语境或工具书解释了重点字词的意思，并在课本上进行了标注。请同学们小组合作： （1）分享收获并提出自己的疑问。 （2）开展多种形式的朗读比赛。 **任务3：灵活运用，完善练笔。** 灵活选用所积累的字、词、句，修改自己的小练笔，做到用词准确，语句优美

单元目标	课时目标	学习问题	学习活动
（1）结合自己已有的写作知识，能够形成关于写清事情的一般认识。 （2）积累并会运用本单元和写清事件相关的字、词、句。 （3）梳理与整合单元内容，形成关于写清楚一件事情的整体认识。 （4）通过样例分析，学习把事情写清楚的基本方法	第3～4课时：准确、流利地朗读课文，梳理故事的起因、经过、结果，说出课文是怎样把事情发展过程中的重要内容写清楚的	课文是怎样把事情发展过程中的重要内容写清楚的？	**任务4：剖析样例，梳理方法。** 同学们，我们一起分析样例，对如何把事情写清楚进行深入探究和思考。 （1）边默读，边思考，厘清故事的起因、经过、结果，归纳总结课文是怎样把故事的重要内容写清楚的。 （2）小组交流，相互说一说课文的主要内容
	第5课时：把事情写清楚的方法：写清楚时间、地点、人物、起因、经过、结果等要素；按事情发展顺序写；写清楚事情发展过程中的重要内容	如何把事情写清楚？	**任务5：归纳方法，学以致用。** （1）自主阅读文本，思考把事情写清楚的方法。 （2）小组讨论，总结把事情写清楚的方法。教师补充并对照标准进行评价。 （3）学以致用方为学会。让我们拿出小练笔，运用学过的方法进行修改

引导学生通过阅读游记类的文本，归纳出写游记的一般方法，并能在实践中运用。如表6所示。

表6　四年级下册第五单元——写景

基本问题：如何将游览的顺序、特点写清楚？			
单元目标	课时目标	学习问题	学习活动
（1）能准确、规范识记汉字，并能在语言情境中运用，按照游览顺序，绘制游览路线图，形成游记的一般认识。 （2）通过阅读游记类的文本，归纳写游记的一般方法，具有写游记的意识。 （3）在真实情境中，运用按游览顺序写景的方法，能按照一定的顺序讲述见闻，说出自己的感受和想法	第1课时：按照游览顺序，绘制游览路线图，形成游记的一般认识	如何将游览的顺序写清楚？	**任务1：交流游览经历，初步认识大观念。** 同学们，心存阳光，必有诗和远方，请将你的旅行见闻，讲给大家听吧，请小组之间共同合作： （1）围绕自己游览过的景点展开组内分享，同时提出自己的问题或困惑。 （2）带着问题或困惑，梳理对游记的一般认识
	第2课时：准确读出9个生字，正确、规范书写24个字和24个词语	写游记需要积累哪些优美词句？	**任务2：赏美景，赞美景。** 根据字形，结合语境，借助工具书理解重点字词的意思。开展"我是小小书法家"写字小组赛，书写有关旅行途中的美景

单元目标	课时目标	学习问题	学习活动
（1）能准确、规范识记汉字，并能在语言情境中运用，按照游览顺序，绘制游览路线图，形成游记的一般认识。（2）通过阅读游记类的文本，归纳写游记的一般方法，具有写游记的意识。（3）在真实情境中，运用按游览顺序写景的方法，能按照一定的顺序讲述见闻，说出自己的感受和想法	第3课时：通过梳理以往的游览经验，能够具备按一定顺序写游记的意识	如何梳理游览路线？	任务3：我是梳理小能手。 书中的美景使作者流连于其间，不愿离开。让我们跟随作者的脚步，去欣赏大自然的美景，并学习作者是如何将这些美景写清楚的。请小组之间合作共同学习： （1）学习《海上日出》，用简单的示意图绘制海上日出的过程。 （2）学习《记金华的双龙洞》，厘清作者游双龙洞的顺序，并把路线图补充完整。 路上 →（　）→（　）→（　）→（　）→出洞。 （3）学习《颐和园》，厘清作者的游览顺序，把路线图补充完整。 长廊→（　）→（　）。 （4）学习《七月的天山》，梳理作者的游览顺序，借助表示地点转换的语句，画出作者的游览路线。 进入天山→（　）→（　）
	第4课时：通过梳理游览路线，抓住景物顺序，总结按游览顺序写景的方法	按游览顺序写景的方法有哪些？	任务4：游览有方法，总结小妙招。 读万卷书，行万里路。梳理作者的游览方法，你学到了哪些写游记的小妙招。小组合作，互相交流，梳理方法。 （1）厘清游览顺序。 （2）写清游览过程。 （3）融入游览感受。 任务5：尝试运用游记策略，完善课前练笔。 本单元所学的游记策略一定给你带来不小的收获，快用这些方法完善一下你的课前练笔。依据游记三要素写清楚游览顺序，并尝试借助游览示意图介绍所写的景点
	第5课时：在真实的游览情境中，运用按游览顺序写景的方法，能按照一定的顺序讲述见闻，说出自己的感受和想法	如何将游览的顺序、特点写清楚？	任务6：根据情境，再度创作。 学校将举行读写比赛，遴选优秀作品作为推荐案例，为同学们儿童节出游提供参考。请大家运用所学方法创作一篇游记。 先独立进行游记阅读，或者游记写作，再结合评价标准自评、修改

引导学生通过阅读说明性文章，了解和梳理说明一个事物特点的写作方法，并在写作实践中运用这些写作方法，把事物说明白。如表7所示。

表7　五年级上册第五单元——写物

基本问题：如何把一个事物的特点说明白？			
单元目标	课时目标	学习问题	学习活动
（1）通过阅读说明性文章，养成自主积累知识的习惯。（2）通过样例分析，了解说明一个事物特点的写作方法。（3）在具体的情境中，合理运用说明文的写作手法，把事物特点说明白	第1课时：通过梳理已经学过的说明性文章，形成有关写说明性文章的一般认识	对写作说明性文章有了什么发现？	**任务1：交流经验，形成初步认识。**同学们利用周末跟随家人去动物园观察了小动物，并完成了一篇小练笔。请同学们小组合作：（1）交流自己的小练笔，围绕"如何把一个事物的特点写明白"展开讨论，同时提出自己的问题或困惑。（2）带着问题和疑惑，整体感知单元内容，提炼出对写作说明性文章的一般认识
	第2课时：认识12个生字，会写20个词语，掌握22个准确表达词汇；准确流利地朗读课文	把事物写明白需要运用到哪些字、词、句？	**任务2：快乐阅读，丰富积累。**勤劳的小硕士，在字词的百花园里有了属于自己的收获：在文中画出了生字、词句，借助语境或工具书解释了重点字词的意思，并在课本上进行了标注。请同学们小组合作：（1）分享收获并提出自己的疑惑。（2）开展多种形式的朗读比赛。**任务3：灵活运用，完善练笔。**灵活选用所积累的字、词、句，完善自己的小练笔，做到用词准确
	第3课时：梳理整合说明文的内容；总结谋篇布局的格式；说出对说明方法的认识	（1）说明性文章的语言风格有什么不同？（2）说明方法有哪些?其作用是什么？	**任务4：剖析样例，学习方法。**同学们，关于如何把一个事物的特点写明白，我们已经利用小练笔梳理出自己的方法，这些方法可以不断丰富。本单元的课文已经给我们提供了优秀的范例，让我们跟着名家来学习写作方法。请同学们进行小组合作：（1）将自己的小练笔和《松鼠》这篇课文的内容进行对比，总结作者谋篇布局的特点。（2）比较《太阳》《鲸》和《松鼠》在语言风格上的不同，小组讨论并总结出不同语言风格在表达效果上的差别。（3）用横线画出《太阳》《松鼠》《鲸》《风向袋的制作》四篇文章中有说明方法的句子，并批注自己的体会，说出其作用
	第4课时：列出提纲，能运用多种说明方法从不同方面介绍事物	如何运用多种说明方法来说明某一种事物特征？	**任务5：依据所学，梳理总结。**通过学习，我们已经学会了说明性文章的谋篇布局、语言风格和说明方法。请同学们进行小组合作：（1）围绕"如何把一个事物的特点说明白"这个问题展开讨论，总结写作步骤和注意事项。（2）画出思维导图，梳理出适切本次习作的评价标准
	第5课时：用恰当的说明方法，分段介绍事物的不同方面，写清事物的主要特点	如何将事物的特点介绍清楚？	**任务6：修改练笔，妙笔生花。**围绕评价标准从文章结构、语言风格、说明方法三方面入手对小练笔进行再度修改，使其符合本单元所学

引导学生通过阅读表现一个人特点的文章和范例，了解和梳理具体描写人物特点的方法，并在实践中运用，完成自己的作品。如表 8 所示。

表 8　五年级下册第五单元——写人

基本问题：如何具体地表现一个人的特点？			
单元目标	课时目标	基本问题	学习活动
（1）结合自己掌握的写人方法，能够具备有关写人物类文章的初步认识。（2）能借助工具书或小组交流等方式，认读、书写本单元的汉字、词语，阅读课内、课外学的其他文章，形成自主积累的习惯。（3）通过样例分析，形成具体表现一个人特点的方法。（4）根据情境要求，能够赏析或写作人物类的文章，并愿意与他人分享，让他人清楚地感受到人物的特点	第 1 课时：根据描写人物特点的经验，能够形成有关写人物类文章的初步认识	你发现了哪些表现一个人特点的方法？	**任务 1：交流经验，建立初步认识。** 同学们，通过观察，大家都依据经验完成了一篇练笔，请同学们小组合作： 交流练笔，并围绕"你发现了哪些表现一个人特点的方法"展开交流，形成有关写人物类文章的初步认识
	第 2 课时：（1）自主学习，认识 19 个生字，读准 1 个多音字，会写 30 个字和 26 个词语。（2）通过自主学习、小组合作，能够正确、流利地朗读课文	写出人物的特点，需要积累和使用哪些字、词、句？	**任务 2：快乐阅读，展示积累。** 可爱的石榴果，在字词的百花园里有了属于自己的收获，大家都已经通过自主学习，解决了生字、词语"拦路虎"，那就让我们"感受汉字之美，尽享读书之乐"吧！ （1）感受汉字之美——书法比赛。正确、规范、整洁地书写词语，一展你的书法功底。 （2）尽享读书之乐——朗读比赛。正确、流利地朗读课文，读准生字字音、语句停顿，尽享读书之乐。 **任务 3：积累所学，灵活运用。** 选用所积累的字、词、句，修改自己的练笔，做到用词准确，语句优美
	第 3～4 课时：通过分析写人文章的内容，梳理具体描写人物特点的方法	如何具体地表现一个人的特点？	**任务 4：剖析样例，梳理方法。** 同学们，关于如何具体地表现一个人的特点，我们已经初步总结出了自己的方法，我们这些方法可以继续丰富。老舍、冯骥才已经给我们提供了优秀的范例，让我们跟着名家来学习方法。围绕"如何具体地表现一个人的特点"展开讨论，要求总结方法，画出思维导图，大胆展示，乐于分享。 **任务 5：描写方法，综合运用。** 运用描写人物特点的方法，完善自己的练笔。要求运用多种描写方法，人物特点鲜明
	第 5 课时：选择典型事例，通过描写语言、动作、外貌、神态、心理等，具体地表现一个人的特点	怎么让你的作品脱颖而出？	**任务 6：根据情境，再度创作。** 让每一个成长都有绽放出彩的时刻。我们班将编制自己"形形色色的人"的作品集，还要参加年级的展评活动。作品就在你手中，赶快行动起来吧！请同学们创作自己的作品，要求作文结构清晰，选取典型事例，多种方法综合运用，能让他人清楚地感受到你笔下人物的特点

引导学生通过阅读、分析样例，梳理围绕中心思想表达清楚的方法，并在实践中运用，完成自己的作品。如表9所示。

表9　六年级上册第五单元——围绕中心意思写

基本问题：如何通过不同方面或不同事例来表达中心意思？			
单元目标	课时目标	学习问题	学习活动
（1）通过已掌握的习作方法，形成习作中选材的一般认识。（2）通过阅读样例，积累表达中心的语言材料，养成自主积累知识的习惯。（3）通过样例分析，梳理围绕中心意思表达清楚的方法，形成写文章要突出中心意识。（4）依据真实情境，围绕中心意思写文章并赏析，愿意与他人分享	第1课时：结合经验，讨论习作的基本要求，提出困惑与写作方法	怎样围绕中心恰当选材？	**任务1：交流经验，形成认识。** 同学们，大家都依据经验完成了自己的"生活记忆"，请同学们小组合作：交流小练笔，并"围绕中心"展开交流，形成选材的一般认识。 （1）小组合作，互展互评，围绕"怎样恰当选材"开展讨论，记录方法与困惑。 （2）整体感知单元内容，根据习作经验深入讨论，提出习作想法
	第2课时：自主学习，认识22个生字，会写20个词语	突出文章中心需要积累、运用哪些字、词、句？	**任务2：快乐阅读，丰富积累。** 勤劳的出彩们，在字词的百花园里有了属于自己的收获：你们在文中画出了生字、词句，借助语境或工具书解释了重点字、词的意思，并在课本上进行了标注。请同学们小组合作： （1）分享收获并提出自己的疑问。 （2）开展多种形式的朗读比赛。 （3）灵活运用，完善练笔。 选用所积累的字、词、句，修改自己的小练笔，做到用词准确，语句优美
	第3课时：通过样例学习，梳理作者围绕中心意思来选材的方法	课文通过哪些方面或事例表达中心意思？	**任务3：剖析样例，恰当选材。** 同学们，关于"围绕中心如何选材"，我们已经总结出了自己的方法，我们这些方法可以继续丰富，让我们跟着梁容若、铁凝的优秀范例来学习方法吧。 （1）通读样例，圈画关键句，说出作者表达的中心思想。 （2）梳理样例是通过哪几个方面或事例表达中心思想的，总结表现中心意思的方法
	第4课时：通过分析文章的谋篇布局，总结将重要部分写得具体、生动的方法	运用了哪些方法将重要部分写得具体、生动？	**任务4：生动表达，提炼方法。** 同学们，选择了恰当的材料，怎么将重点部分写得生动、具体，我们来看看名家名篇的写作方法吧。 通过批注样例，总结将重要部分写具体、生动的方法。 **任务5：运用方法，再度修改。** 学以致用方为学会。让我们拿出我们的小练笔，运用学过的方法进行修改，让我们的小练笔可以更充分地表达情感
	第5课时：能够围绕中心意思写文章并与他人分享	怎样围绕中心意思来写文章？	**任务6：根据情境，妙笔生花。** 在你的童年生活中，让你印象最深刻的体验是什么？能不能用一个字概括，围绕这个字完成一篇习作。 （1）围绕确定的中心，选择不同事例或不同方面拟列提纲。 （2）调动积累，运用归纳的方法，完成习作。 （3）小组合作，互评互改，完善自己的习作

　　引导学生通过阅读和分析样例，总结表达真情实感的方法，并在实践中运用，完成自己的作品。如表 10 所示。

表 10　六年级下册第三单元——表达真情实感

基本问题：如何才能让文章表达真情实感？			
单元目标	课时目标	学习问题	学习活动
（1）根据习作经验，能够形成习作是表达情感途径的一般认识。 （2）通过阅读样例，积累表达真情实感的语言材料。 （3）通过样例分析，形成用书面叙写表达真情实感的意识，总结表达真情实感的方法。 （4）根据情境要求，能够写作表达真情实感的文章并赏析，愿意与他人分享	第1课时：结合经验，讨论习作的基本要求，提出困惑与写作想法	你发现了哪些表达真情实感的方法？	**任务1：交流经验，形成初步认识。** 同学们，童年记忆中大家都有很多难忘的真情。大家都依据经验完成了一篇小练笔，请同学们小组合作，互展互评，围绕"怎样表达真情实感"开展讨论，记录方法与困惑。 （1）小组合作，互展互评，围绕"怎样表达真情实感"开展讨论，记录方法与困惑。 （2）整体感知单元内容，根据习作经验深入讨论，提出习作主张
	第2课时： （1）自主学习会读13个生字词，会写19个生字词语。 （2）以读代讲，读出作者的情感	表达真情实感，需要运用到哪些字词、句？	**任务2：快乐阅读，丰富积累。** 勤劳的出彩们，在字词的百花园里有了属于自己的收获：你们在文中画出了生字、词句，借助语境或工具书解释了重点字词的意思，并在课本上进行了标注。请同学们小组合作： （1）分享收获并提出自己的疑问。 （2）开展多种形式的朗读比赛。 **任务3：灵活运用，完善练笔。** 选用所积累的字、词、句，修改自己的小练笔，做到用词准确，语句优美
	第3～4课时： 通过分析样例内容，梳理间接抒情、直接抒情是表达情感的方法	我们可以怎样表达出自己的真情实感？	**任务4：剖析样例，梳理方法。** 同学们，关于如何表达真情实感，我们已经总结出了自己的方法，这些方法还可以不断丰富。朱自清先生、史铁生先生已经给我们提供了优秀的范例，让我们跟着名家来学习方法吧。 （1）小组合作，以批注关键词、句、段的方式，结合课文内容，总结作者表达情感的方法，展示交流。 （2）围绕"如何表达真情实感"展开讨论，梳理方法，画出思维导图，并分享。 **任务5：依据所学，再度修改。** 学以致用方为学会。让我们拿出我们的小练笔，运用学过的方法进行修改，让我们的小练笔更充分地表达情感
	第5课时：能够运用恰当的方法，完成一篇真情实感的文章	如何完成一篇表达自己真情实感的习作？	**任务6：根据情境，妙笔生花。** 同学们，我们的生活多姿多彩，大浪淘沙，留在心中那印象最深的感受始终不会忘怀！生活中，我们需要用多种方式来表达自己的情感，书面叙写就是一种表达情感的重要方式。让我们"我手写我心"，以一篇文章，记录自己最真挚的情感。 （1）调动积累，运用方法，完成习作。 （2）小组合作，互评互改，修改完善自己的习作

（三）展演任务

在习作单元，同学们积累了习作的素材，掌握了习作的方法，形成了适切的习作思路。一篇篇美文是同学们的学习成果，也是同学们的内心表达。今天，我们开展一次"妙笔生花"习作分享活动。在活动中，请同学们展示自己的习作成果，在交流与表达中笔墨生香、文采飞扬。

四、研制评价量表

根据单元学习目标，围绕前置任务、研学任务和展演任务，设计了相应评价量表。评价量表依据评价标准设定为 A、B、C 三个等级。前置任务及研学任务的评价，由学生依据评价标准自评、互评。展演任务的评价，由学生自组评委会，依据评价标准进行评价。

（一）前置任务评价量表

"初露锋芒"任务评价量表如表 11 所示。

表 11 "初露锋芒"任务评价量表

维度	学段	评价等级标准		
		A	B	C
习作内容	第二学段	内容丰富，主题突出，条理清晰，尝试在习作中运用自己平时积累的语言材料，特别是有新鲜感的词句；书写正楷字，做到规范、端正、整洁；能够修改习作中明显错误的语句，正确使用冒号、引号等标点符号；没有错别字	内容比较丰富，主题较为突出，条理较为清晰。尝试在习作中较多运用自己平时积累的语言材料，特别是有新鲜感的词句；书写正楷字，较规范、端正、整洁；能够修改习作中部分明显错误的语句，正确使用冒号、引号等标点符号；错别字较少	内容不够丰富，没有突出主题，条理不清晰，较少在习作中运用自己平时积累的语言材料，特别是有新鲜感的词句；书写正楷字，不规范、不端正、不整洁；能够修改习作中一小部分明显错误的语句，不能正确使用冒号、引号等标点符号；错别字较多
	第三学段	内容丰富，主题突出，条理清晰；硬笔书写楷书，做到行款整齐、力求美观，有一定速度；能自己修改习作，并主动与他人交流，语句通顺；行款正确、书写规范、整洁；在一定时间内完成小练笔，没有错别字	内容比较丰富，主题较为突出，条理较为清晰；硬笔书写楷书，做到行款较整齐，力求美观，有一定速度；能自己修改习作，并主动与他人交流，语句较通顺，行款正确、书写较规范、整洁；在一定时间内完成小练笔，错别字较少	内容不够丰富，没有突出主题，条理不清晰，硬笔书写楷书，行款不整齐、不太美观，有一定速度；能自己修改习作，并主动与他人交流，语句不通顺；行款正确但书写不规范、不整洁；在一定时间内完成小练笔，错别字较多

（二）研学任务评价量表

"体例探究任务"评价量表如表 12 所示。

表 12　"体例探究任务"评价量表

维度	学段	评价等级标准		
		A	B	C
语言积累	第二学段	能联系上下文，理解词句的意思，体会课文中关键词句表达情意的作用。借助字典、词典和生活积累，理解生词的意义。在了解语句的过程中，体会标点符号的不同用法	能联系上下文，理解部分词句的意思，体会课文中关键词句表达情意的作用；借助字典、词典和生活积累，理解部分生词的意义。在了解语句的过程中，体会标点符号的不同用法	能联系上下文，理解较少词句的意思，体会课文中关键词句表达情意的作用，借助字典、词典和生活积累，理解较少生词的意义。在了解语句的过程中，体会标点符号的不同用法
	第三学段	能联系上下文和自己的积累，推想课文中有关词句的意思，辨别词语的感情色彩，体会其表达效果。在理解课文中体会标点的不同用法。了解文章的表达顺序，体会作者的思想情感，初步领会文章的基本表达方法	能联系上下文和自己的积累，推想课文中部分有关词句的意思，辨别词语的感情色彩，体会其表达效果。在理解课文中体会标点的不同用法。了解文章的表达顺序，体会作者的思想情感，初步领会文章的基本表达方法	能联系上下文和自己的积累，推想课文中较少有关词句的意思，辨别词语的感情色彩，体会其表达效果。在理解课文中体会标点的不同用法。了解文章的表达顺序，体会作者的思想情感，初步领会文章的基本表达方法
方法总结	第二学段	乐于在小组活动中交流展示，能总结并展示样例中的方法，表达有条理，表述清楚	乐于在小组活动中交流展示，能总结并展示样例中的方法，但不够全面，表达相对有条理，表述相对清楚	能在小组活动中交流展示，能总结并展示，但只能说出 1～2 种具体的写作方法，表达无条理，表述不清楚
	第三学段	小组合作中乐于参与讨论，敢于发表自己的意见；能简单有条理地表达；并选择合适的方式记录学习活动的过程。最终总结并展示样例中的方法，表达有条理，表述清楚	小组合作中比较积极参与讨论，能够发表自己的意见；能简单有条理地表达；但记录学习活动的过程不够完整。最终可以总结并展示样例中的方法，但不够全面，表达相对有条理，表述相对清楚	小组合作中能参与讨论，但发表意见不够积极，无法概括总结习作方法，只能说出 1～2 种具体的写作方法，表达无条理，表述不清楚

（三）展演任务评价量表

"妙笔生花"展评任务评价量表如表13所示。

表13 "妙笔生花"展评任务评价量表

维度	学段	评价等级标准		
		A	B	C
习作内容	第二学段	内容丰富，主题突出，条理清晰，尝试在习作中运用自己平时积累的语言材料，特别是有新鲜感的词句；书写正楷字，做到规范、端正、整洁；正确使用冒号、引号等标点符号；没有错别字	内容比较丰富，主题较为突出，条理较为清晰。尝试在习作中较多运用自己平时积累的语言材料，特别是有新鲜感的词句；书写正楷字，较规范、端正、整洁；正确使用冒号、引号等标点符号；错别字较少	内容不够丰富，没有突出主题，条理不清晰，在习作中较少运用自己平时积累的语言材料，特别是有新鲜感的词句；书写正楷字，不规范、不端正、不整洁；不能正确使用冒号、引号等标点符号；错别字较多
	第三学段	内容丰富，主题突出，条理清晰；硬笔书写楷书，做到行款整齐，力求美观，有一定速度；能自己修改习作，并主动与他人交流，语句通顺；行款正确，书写规范、整洁；在一定时间内完成小练笔，没有错别字	内容比较丰富，主题较为突出，条理较为清晰；硬笔书写楷书，做到行款较整齐、力求美观，有一定速度；能自己修改习作，并主动与他人交流，语句较通顺；行款正确，书写较规范、整洁；在一定时间内完成小练笔，错别字较少	内容不够丰富，没有突出主题，条理不清晰；硬笔书写楷书，行款不整齐、不太美观，有一定速度；能自己修改习作，并主动与他人交流，语句不通顺；行款正确但书写不规范、整洁；在一定时间内完成小练笔，错别字较多
现场表达	第二学段	声音洪亮，语言流畅，态度自信、大方，感情充沛。讲述故事力求生动具体	声音较洪亮，语言较流畅，态度大方，感情不够充沛，讲述故事较生动具体	声音低小，语言不流畅，展示没有感情，讲述故事不够生动具体
	第三学段	声音洪亮，语言流畅，态度自信、大方，感情充沛。表达有条理，语气、语调适当	声音洪亮，语言流畅，态度自信、大方，感情充沛。表达较有条理，语气、语调较适当	声音洪亮，语言流畅，态度自信、大方，感情充沛。表达没有条理，语气、语调不适当

五、作业设计样例

样例1：想象故事小剧场

—— 三年级下册第五单元第二课时

边读边想象，一起完成小剧场里有趣的故事，填好后，试着读给大家听。

浩瀚的 yǔ zhòu ⬚⬚ 中，万事 wàn wù ⬚⬚ 都有自己的小 mì mì ⬚⬚。这只小 hú li ⬚⬚ 的故事就发生在浩瀚的 xīng kōng ⬚⬚ 下。他有一个神奇的 bēi bāo ⬚⬚，可以变出任何想要的东西。有一天，他和一位小王子 xiāng yù ⬚⬚ 了。他看到这位小王子饥肠辘辘，到处在找 fàn cài ⬚⬚，于是就给小王子变出了 xiāng cháng ⬚⬚、niú nǎi ⬚⬚、miàn bāo ⬚⬚ 和 qiǎo kè lì ⬚⬚。小王子却很 shī wàng ⬚⬚，因为变出来的都不是自己喜欢吃的东西，他现在最想吃的是香喷喷的 pái gǔ ⬚⬚。他们 jì xù ⬚⬚ 往前走，但是在这个时候，他们遇到了一些 má fan ⬚⬚……他们的故事还在继续，后面还会发生什 fan 么有趣的故事呢？请同学们放飞想象，让你的 sī xù ⬚⬚ 在笔尖静静 liú tǎng ⬚⬚。

评价维度	评价标准	自评	互评
内容完整 书写正确	（1）正确书写18个词语，笔画清楚。☆☆☆ （2）词语表中的内容有遗漏，或错别字1～3个。☆☆ （3）词语表中的词语有遗漏1-3个，或者错别字3个以上☆		
书写规范 作品整洁	（1）姿势正确，结构合理，占位适当，大小一致，无涂改。☆☆☆ （2）姿势较正确，结构较合理，占位较适当，大小较一致，涂改3处及以内。☆☆ （3）姿势不太正确，结构不太合理，占位不太适当，大小不太一致，涂改3处以上☆		

样例2：好文章流露真情实感

——六年级下册第三单元第四课时

我们的生活多姿多彩，大浪淘沙，留在心中那印象最深的感受始终不会忘怀！请结合方框里的词语，完成下面的题目。（相关词语可以继续补充）

> 畅快　感动　欣喜若狂　归心似箭　激动　盼望　欣慰　惧怕
> 愤怒　难过　沮丧　忐忑不安　愧疚　追悔莫及……

1. 我会选择（　　　）这个词语，并用一句话写下自己要表达的中心：
_____
_____

2. 我会回忆事情的经过、当时的感受：
_____
_____

3. 我打算用这样的方式表达思想感情：
_____
_____

六、教学设计反思

本案例打破了传统的单篇教学设计，从大概念视域进行单元整合，着眼于整个单元进行知识建构。单元目标更突出，学习活动更高效，评价更有针对性。在教学设计过程时不断思考，形成以下几点认识。

（一）立足核心素养，明确单元目标

义务教育语文课程培养的核心素养，是学生在积极的语文实践活动中积累、建构并在真实的语言运用情境中表现出来的，是文化自信和语言运用、思

维能力、审美创造的综合体现。如何在习作单元中落实学生的核心素养呢？

我们做的第一步就是基于课程标准、教材分析及学情分析提炼出单元大观念。教育家杜威说过："学生学习零碎的、琐细的种种事实及其性质，而不涉及他们代表和象征的更为普遍的性质……将事实和原则的描述装进儿童的记忆中，并希望在以后的生活中通过某种法术，就能使心灵发现这些东西的用处，这是根本不可能的。"简而言之：没有观念生成，就没有对体验的新理解，也不能获得任何知识的迁移。显而易见，统编《语文》教材在编排体系中，每册专门安排了一个习作单元，突出了习作单元设计思路，旨在帮助学生形成系统、序列的习作能力。如果能够站在学生的角度提炼出习作大观念，建构单元知识结构，那么学生对习作的系统知识也就会做到了然于胸，所以提取单元大观念尤为关键。

在具体设计的过程中，我们发现每个自然单元的大观念都比较好提取，但是当把第二、三学段的所有习作单元放在一起思考时，我们发现很难找到一个能够涵盖所有习作单元内容的大观念，容易出现抓不住本质，把不准方向，描述不够准确的情况。我们把眼光又返回《义务教育语文课程标准（2022 年版）》，其中总目标中有这样一段话让我们豁然开朗："能根据需要，用书面语言具体明确、文从字顺地表达自己的见闻、体验和想法。"由此可见，习作是为了自我表达与他人交流，是认识世界、认识自我、进行创造性表述的过程。为此，我们提炼出习作单元具有统领意义的大观念：我手写我心，妙笔话生活。

基于习作单元的整体大观念，抓住核心问题"写作是为了自我表达和与人交流"，我们建构了指向学生思维路径的单元知识结构，即习作源于生活而高于生活并用习作表达自我，旨在引导学生留心观察生活，积累习作素材，同时通过教材例文学习表达的方法，最终服务于生活，表达自我情感。

习作单元目标指向表达，基于此逆向推导出层层递进的单元目标：通过阅读文本，积累课内、课外词语，形成积累习作语言材料的能力；通过样例分析，总结习作的方法，形成习作的一般思路；在具体的情景中，能够合理运用写作方法，表达自己的见闻、体验和感受。从习作材料的积累到思路的形成，最终表达自我，为学生搭建了习作能力攀升的支架，形成了习作基本范式，从而提升了学生运用语言文字表达的能力。

（二）依托真实情境，制订学习任务

《义务教育语文课程标准（2022年版）》课程实施部分提出了明确的教学建议，即创设真实而富有意义的学习情境，凸显语文学习的实践性。创设情境，应建立语文学习、社会生活和学生经验之间的关联，符合学生认知水平；应整合关键的语文知识和语文能力，体现运用语文解决典型问题的过程和方法。而我们创设的大情境是整合性的真实情境。如，在本案例中创设的学习情境为："随风潜入夜，润物细无声。"文章如春天里第一朵含苞待放的鲜花，又如一年里第一缕春风，总能用自己独特的方式浸润读者。人类就是这样用语言文字反映事物、表达思想感情、实现沟通与交流的。阅读习作单元中的"精读课文"可以了解作者的表达方法，"交流平台"帮助我们提炼习作方法，"初试身手""习作例文"让我们进一步感知方法。学习结束后，我们举行了"我手写我心"的展示活动，记录生活百态，表达自己的体验、感受与发现。又如，五年级上册说明文习作单元创设的情境为：大千世界，包罗万象。人们对未知领域探索的脚步从未停止过。脚步到不了的地方，知识可以。每天，当清晨的第一缕阳光洒进屋内的时候，我们眯着眼睛看着那个并不是很大的天体，感受着它的光和热。那它究竟离我们有多远？我们可以去它上面看看吗？说明文《太阳》向我们介绍了和太阳相关的一些知识，我们感受到这个无法登陆的"大火球"离我们并不遥远，它和人类的生活息息相关。以前我们对于小松鼠的了解也仅限于可爱，《松鼠》这篇文艺性说明文，让我们对松鼠有了更加全面的了解。这些作家都是通过什么方法把这些大千世界的事物介绍得如此清晰明了呢？我们的身边有许多事物等着我们去了解，我们要怎样把了解到的内容向其他人介绍明白呢？通过本单元的学习，我们了解了基本的说明方法，把一种事物介绍清楚。学习完成之后，年级举办了"动物世界，我来讲解"习作比赛，同学们将自己了解的动物通过说明性文章写出来，展示我们对大千世界万物中动物的认识。这样的学习任务情境首先能够调动学生的语言基础和生活经验，切入习作单元的学习，从而调动学生学习的积极性。其次，创设的情境搭建了本单元习作与生活之间的联系，既明晰了本单元的学习内容，又能联系生活，关联学生的记忆。最后，大情境并不仅仅是本单元学习的导入，而是统领整个习作单元，是学生单元学习活动的真正载体。

在单元教学实施过程中，本案例还通过设置富有挑战性的前置任务、研学任务、展演任务驱动学生学习与发展。首先，前置任务以学定教。例如在三年级上册第五单元观察习作时，预设学习任务，让学生在课前利用周末时间观察周围的事物和场景，并完成《观察记录单》；五年级下册第五单元"学习写说明性文章"设置巧妙的前置任务：周末，跟随家人游览郑州市动物园或银基动物王国，通过观察，选一个自己喜欢的动物写一篇说明性文章。这些任务既激发了同学们的学习兴趣，培养了定向观察能力，积累了习作的素材，也便于教师进一步了解学情。在学习过程中通过设置"交流经验建立初步认识、快乐阅读丰富积累、灵活运用　完善练笔、剖析样例梳理方法"等学习活动，学生在不断探究过程中，建立对习作的认识并层层推进，从而探究出习作的方法，也促进了学生养成注重积累、勤于思考、乐于实践、勇于探索的学习习惯。在展演任务中，学生展示修改完善后的习作，这不仅是学习成果的展示，也是再一次对照标准深化素养的过程。学生在真实的、有意义的学习任务中通过阅读与鉴赏、表达与交流，获得真实的言语经验，并且主动积极地进行写法的梳理与探究，既重视方法的习得，又强化实践的体验，在感受文本美的同时又能体会到语言的表达美，全面提升了语文素养。

（三）贯穿多种评价，促进目标达成

评价是大单元教学的重要构成。习作单元的编排体现了由阅读到写作的无缝链接，实现了从积累到实践运用的迁移。但习作教学必须有与教学目标匹配的可测可评的评价标准，当"教—学—评"一体化的时候才能实现高效学习，顺利达成目标。

正如《义务教育语文课程标准（2022年版）》给出的评价建议，本案例过程性评价贯穿学习的全过程，通过师生评价、生生评价等多元评价及课堂观察、对话交流、小组展评等多种评价方式，增强评价的科学性、整体性，不断激发学生的学习兴趣，促进学生反思学习过程。

本案例还针对前置任务、研学任务、展演任务分别设置了不同的评价量表，这三个评价量表对应习作的三个目标，而每一自然单元在习作大单元评价量表的指引下又有所不同，如五年级上册第五单元《学习写说明性文章》中样例学习评价量表，从进行独立识字、梳理行文思路、表述说明方法、分析语言风格四个维度，对说明文的学习提出评价标准。而展演任务评价量表着重考察学生在真实情境中表现出来的语言能力和情感态度。真正做到了"教—学—评"一体化。

大单元整体教学力求所有的教学活动都是在单元大观念的引领下创建了一个真实的大任务情境，在大任务情境中展开一个个紧密相连的学习活动，最终围绕单元大观念让学生真正实现了学有所得。大单元主题做到了牵一发而动全身，能够吸引和激发学生对大单元学习的探究兴趣。不过最后我们也有了新的思考点：纵观此次教学设计，确实是紧扣新课标要求，通过大任务情境力求培养学生的思维逻辑。但是在单元整体教学中，对于能力和基础较薄弱的学生，这样的设计要求提高了，问题变难了，他们的表现动机有些削弱。那么，在以后的教学中是否还需要有所调整，有待继续探究。

信息搜集巧处理，合作探究解问题

——义务教育教科书小学《语文》第三学段综合性学习单元

阎　丽　李宝静　魏　艳　王明霞*

一、制订基于核心素养的单元目标

综合性学习是一种高度综合、基于生活实践、强调学科之间内在联系与整合的课程。课程以学习者的直接经验为基础，密切联系学生的自身生活和社会生活，体现了对知识的综合运用。其目的是让学生从自身经验中形成问题，从经验中去获得解决问题的途径与方法。小学《语文》第三学段综合性学习重在让学生能积极参与活动的策划与组织，围绕学习活动从多方面、多渠道收集整理活动各阶段的材料，结合自己的知识积累和生活经验提出要探究、解决的主要问题，与同学合作探索解决问题的具体方法，并开展真实的调查研究，运用相关知识解释自己的想法，记录探究的过程及结论，撰写活动总结或研究报告，注重方法的梳理与探索研究的过程。

（一）提炼单元大观念

1. 课程标准分析

《义务教育语文课程标准（2022年版）》对综合性学习的描述，涵盖了梳理与探究板块，不同学段的要求略有不同，重点集中在第三学段，具体呈现如表1所示。

---

*阎丽　李宝静　魏艳，郑州高新区外国语小学教师；王明霞，郑州高新技术产业开发区尚文中学，中小学高级教师。

表 1　不同学段综合性学习的描述

学段	第一学段 （1—2 年级）	第二学段 （3—4 年级）	第三学段 （5—6 年级）
内容	观察大自然，热心参加校园、社区活动；对周围事物有好奇心、有兴趣	结合语文学习，观察大自然，观察社会；能提出学习和生活中的问题；学习组织有趣味的语文实践活动	感受不同媒介的表达效果，学习跨媒体阅读与运用；策划简单的校园活动或社会活动；对自己身边的、大家共同关注的问题，或影视作品中的故事和形象开展专题探究活动
目标	积累活动体验，整理、表达自己在活动中的见闻和想法，对感兴趣的的内容提出问题，尝试提出自己的看法	在活动中学习语文、学会合作，呈现自己的观察与探究所得，尝试运用语文并结合其他学科知识解决问题	初步运用多种方法整理和呈现信息；初步了解查找资料、运用资料的基本方法；解决与学习和生活相关的问题；尝试写简单的研究报告；学写活动计划和活动总结；学习辨别是非、善恶、美丑
方法	结合语文学习，用口头或图文等方式，结合其他学科的学习和生活经验交流讨论	积极思考，运用书面或口头方式，并尝试用表格、图像、音频等多种媒介；有目的的收集资料，共同讨论	利用图书馆、网络等渠道获取资料；对所策划的主题进行讨论和分析；通过调查访问、讨论演讲

　　从表 1 中可见，小学阶段的语文综合性学习目标、内容、方式要求是不同的，紧密结合，具有连续性，由易到难形成梯度。

　　从内容上来看，第二学段在第一学段的基础上增加了"能提出学习和生活中的问题""学习组织有趣味的语文实践活动"，第三学段比第二学段更深一层，要求学生"策划简单的校园活动或社会活动""开展专题探究活动"。在学段的进阶中更加注重探究问题和策划活动，也就是学生分析、解决问题能力的提升。

　　从目标上来看，由第一学段的体验、整理、表达，尝试提出问题、看法，到第二段学段的"呈现自己的观察与探究所得""尝试运用语文并结合其他学科知识解决问题"，再到第三学段"写简单的研究报告、活动计划、活动总结""解决与学习和生活相关的问题"，无不凸显对分析和解决问题的侧重。

　　从方法上来看，第一学段"结合其他学科的学习和生活经验交流讨论"，第二学段"有目的的收集资料，共同讨论"，第三学段"通过调查访问、讨论演讲"，都侧重学生的合作交流的能力。同时，第二学段"有目的的收集资料"和第三学段"利用图书馆、网络等渠道获取资料"，也凸显了对学生收集和处理信息能力的注重。

2. 教材分析

（1）相关教材内容梳理。

三至六年级相关教材的内容梳理，如表 2 所示。

表 2　三至六年级相关教材的内容梳理

学习单元	学习主题	学习内容	活动建议
三年级下 第三单元	中华传统节日	"写过节的过程、展示活动成果"的活动要求	写一写过节的过程；展示活动成果
四年级下 第三单元	轻叩诗歌的大门	"合作编小诗集、举办诗歌朗诵会"的活动要求	合作编小诗集；举办诗歌朗诵会
五年级下 第三单元	遨游汉字王国	"汉字真有趣"：《字谜七则》《门内添"活"字》《有趣的谐音》《"枇杷"和"琵琶"》《有趣的形声字》"我爱你汉字"：《汉字字体的演变》《甲骨文的发现》《书法欣赏》《制定国家通用语言文字法的必要性》《关于"李"姓的历史和现状的研究报告》	"汉字真有趣"：收集或编写字谜，开展猜字谜活动；查找体现汉字特点的古诗、歇后语、对联、故事等材料，和同学交流，办一次趣味汉字交流会。"我爱你汉字"：搜集更多的资料，围绕汉字的历史或汉字书法，选择感兴趣的内容写一写；调查学校、社会用字不规范的情况，如同学的作业本、街头招牌、书籍报刊
六年级下 第四单元	百年奋斗历程	《毛主席在花山》《十里长街送总理》《飞夺泸定桥》《狱中联欢》《伟大的友谊》《囚歌》《春天的故事》	开展阅读分享会；制作小诗集；写写自己的心愿
六年级下 第六单元	难忘小学生活	"回忆往事"：《老师领进门》《作文上的红双圈》《如何制作成长纪念册》"依依惜别"：《我为少男少女们歌唱》《聪明在于学习，天才在于积累》《给老师的一封信》《毕业赠言》	"回忆往事"：填写时间轴；分享难忘回忆；制作成长纪念册。"依依惜别"：举办毕业联欢会；写信

（2）教材内容整合分析。

从教材内容梳理中发现，小学语文综合性学习，在第一学段教材中并没有明确的安排，只做建议或渗透；第二学段是融合在课文、习作或阅读内容之中；第三学段是独立的综合性学习专题单元，包含阅读、口语交际、习作、展示等普通单元的诸要素，又融入了合作、探究、体验、实践等诸多方式的学习途径，体现了课内外的衔接，语文与生活的联系，具有持续性、长周期、跨学科的特点，提高了语文素养的整体，具有极强的综合性。

3. 学情分析

第一学段学生对周围事物有好奇心，喜欢观察大自然，能够热心参加校园和社区的活动，对活动有自己的体验，能就感兴趣的内容提出问题，但在整理、表达自己在活动中的见闻和想法方面还有欠缺，还无法借助多种方法解决问题。

第二学段学生能够与同伴合作，并能提出学习和生活中的问题，对学生而言，难点在于用多种方法呈现与探究问题、运用所学知识与方法解决问题。

第三学段学生已经具备初步的收集信息、分类整理的能力，了解查找资料、运用资料的基本方法，但在策划简单的校园活动、社会活动方面还有困难，开展专题探究活动方面仍然是学习困难点。因此，本学段的综合性学习重在培养学生综合运用多种方法策划活动，开展专题探究活动。

结合课程标准的关键点、教材的重点、学情的难点，明确综合性学习本质指向学生收集和处理信息的能力、探究和分析的能力、交流与合作的能力，最终提升真实情境下的解决问题能力。因此，本文将综合性学习单元的大观念确定为：信息收集巧处理　合作探究解问题。

（二）建构单元知识结构

单元知识结构如图 1 所示。

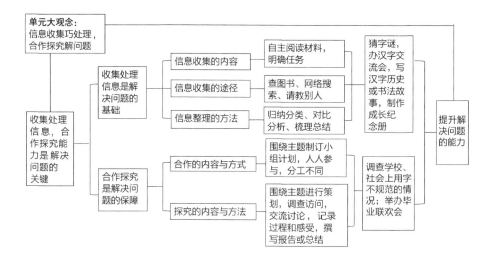

图1 单元知识结构

（三）表述单元目标

（1）能借助前言、活动建议、阅读材料自主阅读，明确学习活动任务与要求，梳理开展实践活动的一般方法，形成活动前自主梳理的意识。

（2）通过研读范例、小组交流、多种途径收集整理资料，开展调查研究，能够撰写活动计划和总结，发展交流、合作、探究等实践能力。

①通过交流讨论开展实践活动的一般方法，能够建立有关综合性学习方法的一般认识。

②在真实的校园活动情境中，主动运用开展实践活动的一般方法。

（3）在真实的生活情境中，借助查找、整理、运用资料等方法，能够解决学习和生活中相关的问题，提升解决实际问题的能力。

二、创设学习情境和评价任务

（一）学习情境

经典诵读、出彩文化节、口语大赛、名书小讲坛……校园因活动而变得多姿多彩。语文课也开展了丰富的综合实践活动。其中，你可以做信息技术员，收集整理庞大的信息群；你可以做研究员，把小组的研究成果形成文字报告；你可以做总设计师，设计活动流程……你可以和伙伴们一起交流合作，碰撞出思维和智慧的火花！学习结束后，我们将开展"我是小小策划师"的活动，评选出最佳策划大师，成为班级元旦晚会的总策划，准备好了吗？现在开始吧！

（二）评价任务

评价任务如图 2 所示。

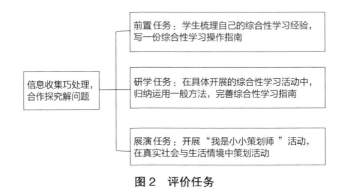

图 2　评价任务

课时总体规划：

五年级下册第三单元：前置任务占 1 课时，研学任务占 6 课时，展演任务占 1 课时，共 8 课时。

六年级下册第六单元：前置任务占 1 课时，研学任务占 6 课时，展演任务占 1 课时，共 8 课时。

三、设计学习活动方案

（一）前置任务

同学们，我们已经开展过多次综合性学习活动，积累了丰富的经验。让我们梳理自己的经验，写一份《综合性学习操作指南》，为以后的学习指明方向吧！在梳理的过程中，你一定会有许多有价值的发现！

（二）研学任务

引导学生通过阅读材料，梳理开展实践活动的方法，选择活动内容，制订活动计划，开展实践活动，如表3所示。

表3　五年级下册第三单元——遨游汉字王国

基本问题：如何收集处理信息，开展合作探究？			
单元目标	课时目标	学习问题	学习活动
（1）能借助前言、活动建议、阅读材料自主阅读，明确学习活动任务与要求，梳理开展实践活动的一般方法，形成活动前自主梳理的意识。（2）通过研读范例、小组交流、多种途径收集整理资料，开展调查研究，能够撰写活动计划和总结，发展交流、合作、探究等实践能力。（3）在真实的生活情境中，借助查找、整理、运用资料等方法，能够解决学习和生活中遇到的相关的问题，提升解决实际问题的能力	第1课时：通过交流讨论开展实践活动的一般方法，能够形成有关综合性学习方法的认识	在梳理制订综合性学习指南的过程中，你有什么发现？	**任务1：交流《综合性学习操作指南》，初步提炼单元大观念。** 同学们梳理了自己在生活学习中参与活动的经验，制订了《综合性学习操作指南》，什么样的指南最具有指导性，请同学们小组合作： （1）交流《综合性学习操作指南》，围绕自己梳理的方法展开讨论，同时提出自己的问题或困惑。 （2）带着问题或困惑，整体阅读《遨游汉字王国》，初步提出有关综合性学习方法的一般认识
	第2～4课时：通过研读材料，总结收集、整理材料的方法，完善综合性学习的方法	字谜活动或汉字交流会如何开展？	**任务2：制订活动计划，明确活动任务。** 想要活动开展的有序高效，每个流程及要求同学们都需要清楚明白，那么怎样才能保证不出差错呢？制订活动计划就显得格外重要，请同学们完成以下学习任务： 自学探究： （1）研读单元导语、《汉字真有趣》活动建议与阅读材料。 合作交流： （2）小组讨论，选择活动内容，制订活动计划，做好人员分工及要求。 （3）交流展示，撰写活动计划样例，评选"最佳计划" **任务3：研读材料，总结收集整理信息的方法。** 有了活动计划，我们在具体执行时怎样才能让内容更丰富，但又做到杂而不乱？请同学们完成以下学习任务： 自主探究： （1）研读《汉字真有趣》活动建议中的收集资料方法，确定适合自己的收集渠道。 合作交流： （2）组内交流自己的收集成果，说清楚自己是如何在海量的信息中分析筛选出最有价值的资料的。 （3）小组讨论如何分类整理组内资料，提炼整理方法，汇编小组成果集

续表

单元目标	课时目标	学习问题	学习活动
（1）能借助前言、活动建议、阅读材料自主阅读，明确学习活动任务与要求，梳理开展实践活动的一般方法，形成活动前自主梳理的意识。 （2）通过研读范例、小组交流、多种途径收集整理资料，开展调查研究，能够撰写活动计划和总结，发展交流、合作、探究等实践能力。 （3）在真实的生活情境中，借助查找、整理、运用资料等方法，能够解决学习和生活中遇到的相关的问题，提升解决实际问题的能力	第2～4课时：通过研读材料，总结收集、整理材料的方法，完善综合性学习的方法	调查报告怎么写？	**任务4：研读材料，提炼调查探究方法要点。** 收集整理资料的过程中，我们总结了方法，感受了汉字的趣味，除了有趣，汉字因为历史悠久，还蕴含着丰富的文化，想要深入了解，还需要同学们完成以下学习任务： 自学探究： （1）研读《我爱你汉字》的活动建议与阅读材料，选择调查内容，明确活动任务。 （2）重点研读《关于"李"姓的历史和现状的研究报告》。 合作探究： 分析样例，总结撰写调查报告的方法
	第5课时：在"我为汉字代言"活动中，主动运用开展实践活动的方法	如何开展"我为汉字代言"活动？	**任务5："我为汉字代言"活动成果展示会。** 前期同学们已经收集、整理或调查研究了有关汉字的相关内容，究竟谁的成果最有趣味和文化，谁的方法运用最恰当？请同学们完成以下学习任务： （1）小组交流，整理设计小组成果集，制订展示计划。 （2）小组创意展示，评选"最美汉字使者"
	第6课时：在活动总结中，进一步完善有关综合性学习的方法	"遨游汉字王国活动"有哪些需要积累的经验？	**任务6：活动总结。** 一次活动就是一次成长，在活动开展过程中，我们一定积累了宝贵的经验，遇到或解决了相关的问题，让我们来梳理问题或经验，进行"遨游汉字王国活动"的总结吧！

引导学生通过阅读范例，小组交流等途径，开展调查研究，制订活动计划，实施活动方案。如表4所示。

表4　六年级下册第六单元——难忘小学生活

基本问题：如何收集处理信息，开展合作探究？

单元目标	课时目标	学习问题	学习活动
（1）能借助前言、活动建议、阅读材料自主阅读，明确学习活动任务与要求，梳理开展实践活动的一般方法，形成活动前自主梳理的意识 （2）…… （3）……	第1课时：通过交流讨论开展实践活动的一般方法，能够确立有关综合性学习方法的认识	在梳理制定《综合性学习指南》的过程中，你有什么发现？	**任务1：交流《综合性学习操作指南》，初步提炼单元大观念。** 同学们在自己学习经验的基础上制订了《综合性学习操作指南》，请同学们小组合作： （1）交流《综合性学习操作指南》，围绕自己梳理的方法展开讨论，同时提出自己的问题或困惑。 （2）带着问题或困惑，整体阅读单元内容，初步提出有关综合性学习方法的一般认识

续表

单元目标	课时目标	学习问题	学习活动
（1）能借助前言、活动建议、阅读材料自主阅读，明确学习活动任务与要求，梳理开展实践活动的一般方法，形成活动前自主梳理的意识。 （2）通过研读范例、小组交流、多种途径收集整理资料，开展调查研究，能够撰写活动计划和总结，发展交流、合作、探究等实践能力。 （3）在真实的生活情境中，借助查找、整理、运用资料等方法，能够解决学习和生活中遇到的相关问题，提升解决实际问题的能力	第2～3课时：通过研读材料，梳理收集、整理材料的方法，完善有关综合性学习的方法	如何制作成长纪念册？	**任务2：研读材料，提炼方法要点。** 六年的生活你一定留下了许多成长的痕迹，收集、整理这些资料能让我们更好地保留这段回忆，请同学们完成以下学习任务： 自学探究： （1）研读阅读材料《如何制作成长纪念册》。 （2）提炼制作的方法
		写信、写赠言需要注意什么？	**任务3：研读材料，梳理方法。** 六年的学习生活给我们留下了许多难忘回忆，关于教师、同学……我们一定有许多话想向他们倾诉，请同学们完成以下学习任务： 合作交流： （1）研读活动要求和《老师领进门》，讨论填写时间轴与"分享难忘回忆"活动的内容与形式。 （2）研读材料《给老师的一封信》与《毕业赠言》，梳理写信与写赠言的方法。
	第4～5课时：在策划毕业联欢会活动中，主动运用开展实践活动的方法	如何策划毕业联欢会？	**任务4：策划毕业联欢会。** 为了充分表达同学们的依依惜别之情，让我们策划并筹备一场毕业联欢会吧！请同学们完成以下学习任务： （1）借助课文提示，制订活动策划书。 （2）小组交流讨论，说说策划理由，选出最佳策划书
			任务5：节目评选。 毕业联欢会为大家准备了"给你的信""交换赠言""我怀念的时光"等节目，请大家完成以下学习任务： （1）展示写给老师、同学的信、临别赠言，以小组为单位为"给你的信""交换赠言"节目选出最佳作品。 （2）展示制作的成长纪念册，以小组为单位为"我怀念的时光"节目评选最佳作品
	第6课时：总结活动，进一步完善有关综合性学习的方法	毕业联欢会活动有哪些积累了经验？	**任务6：活动总结。** 一次活动就是一次成长，在活动开展过程中，我们一定积累了很多宝贵的经验，遇到或解决了相关的问题，让我们来梳理问题或经验，进行毕业联欢会活动的总结吧

（三）展演任务

在综合性学习单元中，同学们积极参与了多彩的活动，主动运用开展活动的方法，积累了经验，归纳了方法。"我是小小策划师"活动就要开始了，我们采用真实情境、现场策划的方式，看谁设计的方案又新颖又实用，快来一展身手吧！

四、研制评价量表

根据单元学习目标，围绕前置任务、研学任务和展演任务，五年级下册第三单元和六年级下册第六单元都设计了相应评价量表。评价量表依据评价标准设定为 A、B、C 三个等级。前置任务及研学任务的评价，由学生依据评价标准进行自评、互评。展演任务的评价，由学生和教师共同组建评委组，依据评价标准进行评价。

（一）前置任务评价量表

"综合性学习操作指南"评价量表如表 5 所示。

表 5 "综合性学习操作指南"评价量表

维度	评价等级标准		
	A	B	C
学习主题	主题鲜明，有探究价值；来源于生活；知识拓展、学科整合等；含问题意识，以解决问题为目标	主题比较鲜明，有一定的探究价值；来源单一；问题意识不明显，以解决问题为目标	主题不够鲜明，探究价值不大，来源只有书本，解决问题意识不强
活动计划	主题、目的、形式、内容、时间、分工与要求、预期结果及呈现方式等计划内容完整；小组分工明确；各项目安排合理明确	计划内容相对较完整，小组分工较明确，各项目安排基本合理	计划内容不够完整，组内分工个别不明确，个别项目安排不够合理
活动保障	有真实的情境，适合探究实践活动的开展；活动前梳理收集整理资料的方法，活动中进行阶段性汇报，及时修正问题；展示前研讨汇编成果的方法	有比较真实的情境，基本适合探究实践活动的开展；活动前有交流开展的方法，但不够具体	有情境但不够具体，开展探究实践活动的价值不大，活动前没有梳理有效开展活动的方法
活动评价	主体多元；形式灵活；标准个别化；视角多维度	主体多元；形式比较灵活；统一一个标准，未体现个别化；能从多个视角评价	主体单一；形式单一；没有体现个别化；评价视角单一

（二）研学任务评价量表

"小组活动"评价量表如表 6 所示。

表6 "小组活动"评价量表

维度	评价等级标准		
	A	B	C
活动计划	小组分工明确，计划内容完整，各项目安排合理	小组分工大多数较明确，计划内容相对较完整，各项目安排基本合理	小组分工个别不明确，计划内容不够完整，个别项目安排不够合理
收集、整理资料	多种渠道收集资料，收集资料的方法运用恰当，成果丰富能满足活动需要，资料整理比较完善、清楚	多渠道收集资料，收集资料的方法基本运用恰当，成果比较丰富，资料整理相对完善	能多渠道收集资料，个别收集资料的方法运用不够恰当，成果不太丰富，资料整理还有不完善的地方
展示交流	小组人人参与、相互合作；展示形式新颖多样有创意；展示内容丰富，条理清晰；自信大方，互动效果非常好	小组人人参与，展示形式比较新颖，展示内容相对丰富，较自信大方，互动效果整体良好	小组个别成员参与，展示形式普通，展示内容单一，互动效果一般

"成长纪念册制作"评价量表如表7所示。

表7 "成长纪念册制作"评价量表

维度	评价等级标准		
	A	B	C
时间轴	能围绕6年小学生活选取印象最深的人或事并配有照片，书写工整，时间轴款式美观别致	能围绕6年小学生活选取印象最深的人或事，书写比较工整，配有照片，时间轴款式一般	能围绕6年小学生活选取印象最深的人或事，书写一般，没有照片，时间轴款式一般
分享难忘回忆	所选取时间轴上的内容具有代表性，表述完整连贯，能说出难忘的原因，感情充沛，具有感染性	所选取时间轴上的内容具有代表性，表述比较完整连贯，能说出难忘的原因	所选取时间轴上的内容具有代表性，表述欠完整连贯，不能说出难忘的原因
成长纪念册作品	体例完整，主题突出，内容丰富，条理清晰，图文并茂，富有个性和创意	体例基本完整，主题比较突出，内容比较丰富，条理清晰，图文并茂	体例不够完整，主题不够突出，内容不够丰富，条理欠清晰，不能做到图文并茂

"写信"评价量表如表8所示。

表8 "写信"评价量表

维度	评价等级标准		
	A	B	C
语言生动	格式符合书信要求，语言富有文采，引用诗句、名言等，富有文化内涵	格式符合书信要求，语言较富有文采，比较富有文化内涵	格式符合书信要求，语言欠缺文采，不够富有文化内涵
感情真挚	感情真挚，采用叙事与抒情相结合抒发感情，富有感染性	感情比较真挚，比较富有感染性	感情不够真挚，欠缺感染性

"写赠言"评价量表如表 9 所示。

表 9　"写赠言"评价量表

维度	评价等级标准		
	A	B	C
主题健康	主题健康，积极向上，能根据对象特点设定内容	主题健康，积极向上，内容比较贴合对象特点	主题健康，积极向上，内容不能贴合对象特点
感情真挚	语言生动有趣，富有文化内涵，抒情充分，风格独特	语言比较生动，比较富有文化内涵，抒情较充分，风格较突出	语言欠缺文化内涵，不够生动有趣，感情抒发不够充分，没有突出风格

"课堂表现"评价量表如表 10 所示。

表 10　"课堂表现"评价量表

维度	评价等级标准		
	A	B	C
课堂参与	能积极和教师互动，认真记录，大胆质疑	偶尔和教师互动，记录较认真，不能质疑	课堂不和教师互动，记录不够认真或不记笔记，不能提出疑问
自主探究	能按要求自主学习，主动思考钻研，专注度高	比较能够自主学习，主动思考钻研，专注度一般	不能够自主学习，不主动思考钻研，专注度低
合作交流	能认真、耐心倾听，抓住对方要点。表达有条理，敢于发表自己的意见，说清自己的观点	基本能够认真、耐心倾听，大致能抓住对方要点。表达比较有条理，比较敢于发表自己的意见，说清自己的观点	不能认真、耐心倾听，不能抓住对方要点。表达不够有条理，不敢发表自己的意见，表达观点时不够清晰

（三）展演任务评价量表

"我是小小策划师"评价量表如表 11 所示。

表 11　"我是小小策划师"评价量表

维度	评价等级标准		
	A	B	C
参与度	小组人人参与，相互合作	小组较多成员参与	小组个别成员参与
态度	态度大方自信	态度比较大方自信	态度拘束，不够自信
形式	形式多样有创意	形式比较多样新颖	形式单一，不够新颖
内容	内容丰富，准备充分	内容比较丰富，准备较充分	准备不足，内容不够丰富
表达	表达清晰、有条理	表达基本清楚，比较有条理	表达不清楚，条理不清

"毕业联欢会"评价量表如表 12 所示。

表 12 "毕业联欢会"评价量表

维度	评价等级标准		
	A	B	C
节目类型	节目数量多，类型丰富，有新意	节目数量较多，类型比较丰富	节目数量较少，类型雷同
节目效果	节目顺序安排合理，节目表现力强	节目顺序安排比较合理，节目表现力一般	节目顺序安排不够合理，节目表现力欠缺
组织情况	主持人能够很好地控制场面、调动气氛，催场、拍照等人员各司其职，联欢会有序开展	联欢会场面比较有序，人员基本清楚自己的职责	联欢会场面混乱，人员不清楚自己的职责
演出情况	联欢会整体效果好，给观众留下美好的印象	联欢会整体效果较好，给观众留下比较美好的印象	联欢会整体效果欠佳，观众印象不好

"我为汉字代言"评价量表如表 13 所示。

表 13 "我为汉字代言"评价量表

维度	评价等级标准		
	A	B	C
观点鲜明	能开门见山地提出观点，分段论述，重点突出	能开门见山地提出观点，分段论述，重点基本突出	不能开门见山地提出观点，重点不够突出
选材恰当	能选择合适的材料说明观点，列举事例有代表性，具有说服力	能选择合适的材料说明观点，列举事例具有一定的说服力	选择的材料不具有代表性，说明观点说服力不够
表现形式	展示形式新颖多样有创意，展示内容丰富，条理清晰，自信展示、态度大方，互动效果非常好	展示形式比较新颖，展示内容相对丰富，态度较大方，互动效果整体良好	展示形式普通，展示内容单一，互动效果一般
情感真挚富有感染性	说理和抒情结合，感情发自肺腑，恰当地使用肢体语言，声音洪亮，语言顿挫有力，富有感染性	基本抒发出感情，使用肢体语言较少，基本能够辅助抒发感情，声音洪亮，语言比较有节奏，比较富有感染性	抒情不明显，没有使用肢体语言，声音不够响亮，语言平淡，感染性不强

五、作业设计样例

样例1：遨游汉字王国
——五年级下册第三单元第二、三课时

"探秘汉字计划"已经制订，请同学们按照计划中的内容、分工与要求开展探秘汉字行动，行动中注意以下几点：

◎收集方法：根据自己的实际情况，灵活使用查找图书、网络搜索、请教别人等收集方法。

◎难度与数量：字谜的难度与数量要适当，整理前要认真阅读与筛选。

◎收集内容：收集的汉字故事、笑话、古诗、对联等资料要尽量包含全面，并能体现汉字特点与趣味。

◎呈现方式：可以多样化展现，如整理成册。以小组为单位进行筛选与梳理，并分类整理，成果包含封面、目录、不同类别的具体内容；或绘制成手抄报；或制作成展板；或形成电子演示文稿。图文结合，体现小组特色。

作业名称	探秘汉字计划——字谜与趣味汉字交流会
作业目标描述	收集、整理趣味汉字相关资料，做好交流展示准备工作
作业内容描述	梳理并设计趣味汉字汇编样式、目录，采用图文结合的形式汇编字谜、谐音、对联、古诗、歇后语等汉字资料
作业设计的主要知识点	资料整理，创新设计
预估完成时间	2～3天
作业类型	○操作类 ○实践类 ○调查类 ○探究类 ●查阅类 ●整理类 ●设计类 ○研究类 ○其他
作业完成要求	○独立完成 ●小组合作完成
作业呈现形式	○调研报告 ○小报 ○小论文 ●资料汇编 ●作品展示

样例2：难忘小学生活

——六年级下册第六单元第二、三课时

同学们，我们打开了记忆闸门，一起回忆了那些种在校园里长不大的记忆，那些留在岁月中忘不掉的纯真，再次积淀人生中最宝贵的情感财富。让我们认真阅读并参考下面的制作指南，用心制作一本成长纪念册，珍藏这段难忘的成长回忆，记得完成后进行自我评价哦！

"成长纪念册"制作指南

项目		标准	自我评价
封面		设计封面新颖，有题目，绘画精美有寓意，突出小学最难忘主题	☆☆☆
卷首语		图文结合有寓意，文字书写工整，能表达自己对小学生活最真实的情感	☆☆☆
目录		有目录，有序号，有页码，书写工整，配有插图	☆☆☆
内容	时间轴	能按照1～6年级的顺序，围绕每一年小学生活选取印象最深的人或事并配有照片，书写工整，时光轴款式美观别致、有寓意	☆☆☆
	分享最难忘回忆	能选取时间轴上最具有代表性令人印象深刻的事件，表述完整连贯，能说出难忘的原因，语言生动，感情充沛自然流露，书写工整，语句通顺，无错别字，不少于400字	☆☆☆
	追忆小学时光（任选其一）	编年体：1～6年级按顺序都有呈现，图文结合，内容丰富，条理清晰，能很好地反映出各年级自己最难忘的人、事、物。 栏目式：至少呈现4个栏目以上，图文结合，每个栏目都能代表自己小学生活中印象最深刻、最有意义的人、事、物，体现自己的难忘与成长	☆☆☆
封底		有封底，有总结性语言且新颖有寓意，绘画精美，符合最难忘主题	☆☆☆
内容加分项		整个纪念册图文风格一致，前后成体系，富有个性和创意；编年体正文多于6张，栏目式多于4个栏目	☆☆☆

续表

作业名称	制作成长纪念册
作业目标描述	收集、整理成长资料，制作成长纪念册
作业内容描述	把收集的资料进行合理的分类与编排，多种形式制作成长纪念册
作业设计的主要知识点	资料整理，创新设计
预估完成时间	1～2天
作业类型	○操作类 ○实践类 ○调查类 ○探究类 ○查阅类 ●整理类 ●设计类 ●研究类 ○其他
作业完成要求	●独立完成 ○小组合作完成
作业呈现形式	○调研报告 ○小报 ○小论文 ○资料汇编 ●作品展示

六、教学设计反思

综合性学习单元是较为特殊的单元类型，它以文化知识为底，以活动为纲，关联多个学科，培养学生收集整理信息、开展专题研究、策划主题活动等能力，具有综合性、实践性等特点。

（一）大观念贯穿实践活动

通常的综合性学习单元教学按照教材设计，分板块、分活动一步一步按流程教学，学生完成了活动，也就完成了学习，导致活动掩盖了综合性学习的核心，即学生收集、整理、探究、策划等能力的提升。本次综合性学习单元教学设计则从学生核心素养出发提炼出单元大观念，并以大观念统领整个单元的教学，纲举而目张。综合性学习单元虽有丰富的学习活动，学习时需要较长的时间跨度，但学生始终能围绕能力提升这一点开展，多而不乱，长而有效。如"单元导读把全局，阅读材料引思路，收集资料有方法，制订计划明方向，多彩活动乐分享，研究成果展览会，评选出彩成果星"等活动的设置，多角度、全覆盖、可选择，紧密相连，逐一递进，并且每一个活动任务都指向了学生核心素养的发展，聚焦能力的提升。

具体举例说明：六年级下册《难忘小学生活》综合性学习中，学生之前已经进行过收集、整理资料的能力训练，并且在以往的综合性学习中也进行过制订活动计划、开展活动的学习，这次综合性学习，在旧知的基础上，让学生将整理资料，策划、筹备活动运用于告别师友、母校这一真实情境，围绕回忆小学生活的主题，多种形式的活动贯穿开展。因此，单元大观念的确定依照以主题为纲，活动贯穿的准则，突出本次综合性学习的主题是"忆往事，诉真情"。

（二）大任务驱动单元学习

本次综合性学习单元教学设计围绕单元大观念，设置了重在提升学生核心素养的大任务情境，以梳理方法、在学习中运用方法、在真实情境中运用方法为路径，规划设计课堂学习活动，整合教材资源，紧密结合语文要素，凸显综合性学习的工具性与人文性，使课内、课外内容自然衔接，突出学生自主、合作、探究、策划、组织、协调、实施等能力，深入推进学生语文核心素养落地。

具体举例说明：六年级下册《难忘小学生活》综合性学习分为"回忆往事"和"依依惜别"两个板块，两个板块的活动虽有联系，但仍是按顺序单独进行。由于活动类型多，时间跨度大，导致学生在学习时往往顾此失彼，学后忘前。将单元活动内容进行整合，以"举行毕业联欢会"的大任务串起所有活动，很好地解决了这一难题。这样，第一板块的"借助时间轴交流难忘回忆""制作毕业纪念册"，以及第二板块的"给老师或同学写一封信"和"写临别赠言"就成为"举行毕业联欢会"大任务情境中的一个子活动，通过"我怀念的时光""给你的信""交换赠言"节目评选纳入"举行毕业联欢会"这一大任务之中。本单元将为举行毕业联欢会作为大任务，以为联欢会选拔节目这一大情境串起两大板块的学习内容，制作毕业纪念册、写信、赠言以及每个板块配套的阅读资料成了联欢会节目选拔的必要环节。

五年级下册《遨游汉字王国》综合性学习包含"汉字真有趣"和"我爱你，汉字"两个部分，包含《字谜七则》《门内添"活"字》《有趣的谐音》《"枇杷"和"琵琶"》《有趣的形声字》《汉字字体的演变》《甲骨文的发现》《书法欣赏》《制定国家通用语言文字法的必要性》《关于"李"姓的历史和现状的研究报告》10则材料，需要开展"收集编写和猜字谜活动、查找体现汉字特点的古诗、歇后语、对联、故事等材料，举办趣味汉字交流会、调查汉字的历史或汉字书法，调查学校、社会用字不规范的情况"等多个活动，比较繁杂，本单元将"我为汉字代言"作为大任务，以"评选最美汉字使者"为情景连接本单元所有学习内容，用"探秘汉字计划、追寻汉字的足迹"串联"趣味汉字交流、字谜大擂台、谐音大比拼、对联对对碰、小小书法展、汉字故事会、不规字大作战"等一系列活动，既让整个学习环环相扣，自成一体，又吸引学生充满好奇与兴趣。

有了大任务的驱动，这几个小活动不再像散乱的星星，而成了被串起来的珍珠。此外，大任务驱动下的单元设计直指学习核心，本单元学完之后，孩子们明白了珍贵的记忆和宝贵的感情是需要通过各种具象的行动传递出来的，要给予感情以物质载体；也明白了整理资料、策划活动的目的是建立人与人之间的联系。

（三）充分发挥"阅读材料"的作用

综合性学习虽以活动贯穿，但内含大量的阅读材料，让学生自主阅读，相互交流阅读感受，敢于就自己的问题提出质疑或发表自己的观点，不把"阅读材料"当作课文教学，结合需要在活动准备、收集资料、撰写报告、展示交流等活动的不同阶段多次、灵活地使用"阅读材料"，能够对活动的开展起到指导、激发的作用，还有的材料可直接作为开展活动的素材。在教学时教师要理解编者的编排意图，充分利用这些材料。

具体举例说明：五年级下册《遨游汉字王国》综合性学习可以利用"阅读材料"中的相关范例，帮助学生理解活动任务的具体内涵；在指导学生确定"趣味汉字交流会"的活动要点和需要收集的资料时，借助"阅读材料"中体现汉字多样的特点，开拓学生的思路；利用"阅读材料"中的《关于"李"姓的历史和现状的研究报告》，帮助学生把握研究报告的基本格式。对于学习基础薄弱，资源条件有限，无法多渠道收集资料的学生，允许利用教材中的"阅读材料"作为资料，开展相应的活动。

（四）加强课内、课外联系与指导

综合性学习与其他单元不同的地方在于，单元学习内容的开展既依赖课上的时间，又依赖课下学生的自主活动。教师授课时要注意在学生利用课下时间进行活动之前给予必要的指导，使课外时间成为开展课堂活动的有力补充。但在综合性学习中，课内的梳理，指导学生如何收集资料、制订计划的方法在整个单元中占用时间较少。让学生运用所学在课外进行资料收集、分析、整理，中间及时进行过程性指导，阶段性展示相对用时较多。教师可以根据学生的实践情况，适时进行调整。例如，在学生围绕汉字的历史、书法等收集资料的过程中，可以安排课内反馈的环节，了解学生收集资料的大致情况，并针对出现的问题予以点拨。

（五）重视综合性学习的评价

本次综合性学习的内容较多，时间较长。评价时要充分考虑学情，关注学生之间的能力差异。学生在学习过程中通过调查、访问、观察、收集资料等多种学习方式，对主题内容进行了解和研究，成果展示时注重发挥每个学生的主动性，引导学生群策群力、发扬合作精神，尽量让每一个学生在活动中都能感受到参与的乐趣，体验成功，树立自信。既要对学生活动的结果进行评价，也要对学生开展活动的过程进行评价，关注学生的态度、积极性、参与度等。同时，还要重视对小组活动进行评价，关注小组在组织活动、分工配合、落实计划等方面的表现。通过评价，激发学生兴趣与热情，让学生真正参与到活动中来，在生活中学语文，在语文中学会生活。